KB067342

뇌과학으로 고객 경험을 디자인하라

뇌과학으로 고객 경험을 디자인하라

CX의 6가지 마인드

존 웰런 지음
안지희 옮김

**Design for
How People Think**

유엑스 리뷰

추천의 말

이 책에는 존 박사의 오랜 연구와 실무 경험을 실용적이면서도 쉽게 읽을 수 있도록 하는 위트와 유머가 담겨 있다. 팀에서 맡은 역할이 무엇이든지 존이 제시하는 여섯 가지 마인드 프레임은 고객을 이해함으로써 제품을 성공시키는 데 큰 도움을 줄 것이다.

헤더 윈클Heather Winkle,
캐피털 원Capital One 디자인 부문 부사장

이 책을 읽으면 꼭 존 박사와 이야기하는 듯한 느낌을 받는다. 명쾌하고 재미있으며, 핵심을 잘 집어 준다. UX 리서치 입문자, UX 관리자, 혹은 프로덕트 디자인 프로세스 역할을 이해하고 싶은 사람들에게 강력히 추천하는 책이다. 오랜 경력의 실무자에게도 경험의 여섯 가지 마인드 프레임은 UX와 CX 관련 주요 개념들을 새롭고 실용적으로 요약하는 데 도움을 준다. 풍부한 사례와 구체적이고 실용적인 조언들이 가득 담겨 있는 책.

로라 쿠조Laura Cuozzo,
구글 수석 UX 리서치 연구원

디자인 산업은 빠르게 변하고 있고 인공지능과 머신러닝 기술은 한때 키보드와 마우스로 작업했던 디자인 관리를 쉽게 대체한다. 연구를 통합시켜 주는 도구는 이미 존재하지만, 이 책은 제품 사용자 중심 사고와 제품 사용 경험에 집중하여 앞으로의 디자인 설계를 통합하는 전혀 새로운 관점을 제시한다.

제이슨 위저드Jason Wishard,
캐피털 원 컨슈머 뱅크 디자인 부문 경영이사

세계적인 수준의 고객 경험의 수요는 매일 증가한다. 유감스럽게도 증강현실이나 인공지능 같은 새로운 기술들은 고객 경험의 양상을 바꾸고 있다. 이 책은 고객의 두뇌가 작용하는 과정을 이해하는 탁월한 방법을 제시한다. 고객 경험을 효과적으로 전달하는 과학적인 로드맵을 그릴 수 있을 것이다.

제이슨 파파스Jason Papas,
이튼EATON 디지털전환팀 리더

목차

서문

제품·서비스를 디자인하는 심리학자

내가 제품을 디자인하는 심리학자라고 소개를 하면 사람들은 대체로 놀라워한다. "그건 디자이너가 하는 일이 아닌가요?" "소비자의 심리를 간파하고 계실 것 같아요." "지금 저를 분석하고 계신 건 아니겠죠?" 대게 이와 같은 반응으로, 더 길게 설명하지 않겠다.

흥미로운 점은 이렇게 이야기하는 사람들은 대부분 인간의 인지와 감정이 제품·서비스 디자인에 적용될 수 있음을 잘 모른다는 것이다. 이들만 그런 게 아니다. 언젠가 사우스 바이 사우스 웨스트 컨퍼런스에서 강연을 한적이 있는데, 강연이 끝난 후 내게 이렇게 묻는 사람들이 많았다. "좋은 강연이었습니다. 그런데 배운 내용을 제가 만든 제품에 어떻게 적용하면 좋을까요?"

최고의 경험을 디자인하는 방법

먼저 당신의 인생 최고의 경험을 떠올려 보자. 출산, 결혼, 졸업과 같은 인생의 주요한 사건 중 하나일 수도 있다. 아니면 좋아하는 가수의 공연, 브로드웨이 연극, 클럽에서의 댄스 타임, 바닷가의 멋진 석양 등 특정 순간이 생각날 수도 있다. 그리고 당신은 이러한 사건과 순간을 '아주 멋진' 경험 혹은 '놀라운' 경험이었다고 여기는 것이다.

이러한 경험을 이루는 데 정말 많은 감각과 인지 과정이 작용한다는 사실을 알고 있는가? 영화를 떠올렸을 뿐인데 어디선가 팝콘 냄새가 풍기는 듯한 경험이 적절한 예가 될 수 있다. 만족스럽게 본 연극을 생각해 보자. 배우들의 연기가 훌륭했던 것일 수도 있지만, 그들이 입은 복장이나 무대의 조명, 관중의 리액션, 혹은 당신이 평소에 좋아했던 배우의 캐스팅이 연극에 대한 흥미를 이끌었을 수 있다. 이처럼 하나의 가치 있는 경험은 굉장히 많은 요소가 복합적으로 작용하며 이루어진다.

그렇다면 제품·서비스의 가치 있는 경험을 디자인하려면 무엇부터 시작해야 하는가? 감각과 감정 그리고 인지 과정이 한데 모여 완성해 내는 경험은 무엇인가? 복합적인 요소들을 체계적으로 분리 및 분석할 수 있는가? 올바르게 고객 경험을 디자인하고 있는지 확인할 방법은 무엇인가?

이 책은 인간심리에 관한 정보를 이해하고 이를 실제적으로 활용함으로써 경험적 요소로 세분화하여 분석한 후, 가치 있는 경험을 디자인하기 위해 무엇이 필요한지 밝혀내기 위해 쓰였다. 뇌과학 분야의 발전 속도는 꾸준히 증가하고 있다. 심리학, 신경과학, 행동경제학, 그리고 인간 컴퓨터 상호작용은 특정한 뇌 기능에 관한 새로운 정보를 제공할 뿐 아니라, 하나의 경험에 따른 감정이 생성하는 정보를 사람이 처리하는 과정을 제시한다. 그리고 이를 통해 우리는 획기적인 돌파구를 찾을 수 있게 된 것이다.

인간이 사고하는 법

당신이 하는 사고에 관한 당신의 생각은 오해의 소지가 있을 수 있다. 정신적 사고 과정을 스스로 인지하는 데에는 제한이 있기 때문이다. 데이트나 면접과 같이 중요한 이벤트가 있을 때 무슨 옷을 입고 갈지 고민했던 경험이 한 번쯤 있을 것이다. '처음 기대에 부응해야 할까?' '잘못된 인상을 주면 어떡하지?' '딱 봤을 때 괜찮을까?' '전문가답게 보여야 할텐데' '신발이 너무 튀는 것 같아' 등 여러 가지 생각으로 선뜻 옷을 고르지 못하는 것이다. 그리고 꼭 집어 말할 수 없거나, 혹은 당신이 인식조차 하지 못하는 기저의 생각들도 그 상황 가운데 존재한다.

의식에 관한 흥미로운 점은 우리의 생각을 의식적으로 이해할 수 없는 부분이 많다는 사실이다. 예를 들어 면접 때 내가 신으려고 하는 신발을 쉽게 알아볼 수 있지만, 그 신발을 우리가 어떤 신발로 인식하고 있는지, 신발의 색상을 어떻게 느끼는지는 그다지 인식하지 못한다. 또한 우리는 시선이 어디로 움직이는지, 혀의 위치가 어디에 있는지, 심장 박동을 어떻게 조절하는지, 어떻게 보는지, 어떻게 말을 이해하는지, 처음 마련한 집과 같이 의미 있는 것을 어떠한 방식으로 기억하는지 등에 대해 잘 알지 못한다. 그러나 디자이너라면 의식적으로 접근이 가능한 인지 과정뿐 아니라 눈의 움직임과 같은 무의식적인 부분도 이해할 수 있어야 한다.

나는 인지심리학자로서 박사 과정을 밟으며 기억, 언어, 문제 해결, 의사 결정에 관해 연구했다. 또한 15년 이상 컨설팅을 해오면서 고객을 어떻게 관찰하고 인터뷰하는지, 그들의 내면을 결정하는 요소는 무엇인지, 어떻게 획기적인 제품·서비스를 만들 기회를 발견하는지 그리고 무엇보다 어떻게 고객에게 가치 있는 경험을 제공하는지에 관한 노하우를 축적할 수 있었다. 나는 현재 국제적인 제품의 제품화 전략에 영향을 미치는 세계 최고의 회사들과 함께 일한다. 내가 이 책에서 함께 나누고자 하는 이야기가 당신의 제품·서비스 개발에 도움이 되고, 고객을 더욱 깊게 이해할 수 있는 기회를 제공하기를 바란다.

고객 경험의 혁신을 고민하는 모든 이들에게

프로덕트 오너, 프로덕트 매니저, 디자이너, UX 전문가 및 개발자들에게 도움을 주고자 이 책을 썼다. 가치 있는 고객 경험을 만드는 인지 과정을 이해하고 고객과의 맥락적 인터뷰를 통해 관련 데이터를 뽑아내며, 얻은 정보를 제품·서비스 디자인 프로세스에 적용하는 법을 배우게 될 것이다. 타깃 고객의 니즈를 맞추지 못하면 제품·서비스는 결코 성공할 수 없다. 기업의 경영자, 마케팅 전문가, 프로덕트 오너, 프로덕트 디자이너로서 당신의 제품·서비스가 탁월한 경험을 가진다는 점을 어떻게 확신할 수 있는가? 고객에게 직접적으로 물어볼 수도 있겠지만, 그들 대부분은 자신이 무엇을 원하는지 모르거나 자신의 니즈를 분명하게 표현하지 못한다. 그렇기 때문에 당신은 '14세 청소년이 인스타그램에서 본계정과 부계정을 각각 어떻게 활용하길 원하는가?' '고액순자산 투자자는 수익률 높은 투자를 어떻게 찾길 원하는가?' '75세 변호사는 역삼각합병에 관한 세금법 정보를 어떻게 찾으려고 하는가?'와 같은 질문에 대답하기 매우 어려운 것이다.

이 책은 고객의 니즈와 관점을 깊이 있게 이해하는 데 필요한 장비를 당신에게 입혀 주려는 목적으로 쓰였다. 나는 인지과학자로서 유용성 실험이나 시장 조사, 공감 연구를 하고 싶을 때가 있는데 이런 연구는 단순하면서도 한편으로는 굉장히 복잡하다. 이러한 연구는 제품·서비스 관련 부서에 속한 사람들이 무엇을 만들어야 하는지에 관한 핵심을 놓칠 때가 많다.

개선 방법은 반드시 존재한다. 중요한 점은 고객의 경험적 요소를 이해하는 것이다. 타깃층의 수요를 더 깊은 수준에서 식별함으로써, 무엇을 만들어야 할지에 관한 핵심을 간파할 수 있다.

심리학과 인지과학 전문가 독자들에게

인내심을 가지고 이 책을 읽어 주기 바란다. 실무를 위한 서적에서는 인간의 심리나 뇌에 존재하는 모든 용어를 정밀하게 다루기 어려웠다. 제품·서비스 디자인과 관련한 정보로 다양한 독자들과 소통하는 방법이 필요했다. 인간 심리에 관한 놀라운 사실이 수없이 많지만 가볍게 다루고 넘어갈 수밖에 없어서 유감스럽다. 다양한 인지심리 과정을 넓은 의미의 용어에 집중하여 최종적으로 디자인 과정을 뒷받침하는 심리학적인 근거를 제시하고자 했다. 제품·서비스 디자인에 우리가 알고 있는 심리학 개념을 융합하는 과정에 함께하고자 하는 동료 학자 분들이 있다면 매우 영광일 것이다.

이 책의 구성

Part 1 경험의 구성 요소

1부에서는 제품·서비스 디자이너, 기획자라면 반드시 알아야 하는 인지심리의 흥미로운 요소를 다루고자 한다.

- Chapter 1: 다양한 경험과 인지 과정이 하나의 인적 경험Human eXperience으로 통합된 '경험'의 개념을 소개한다.

- Chapter 2: 시선과 주의에 관한 사고를 이해한다. 무엇이 당신의 주의를 끄는지, 당신은 무엇을 찾고자 하는지, 그리고 무의식적으로 발생하는 사고 과정은 어떻게 진행되는지에 관해 이야기한다.

- Chapter 3: 우리 뇌의 많은 부분이 공간을 표현하는 데 주요한 도움을 준다는 점을 강조하며, 앱이나 웹 사이트와 같은 기상 공간에서 제품·서비스를 어떻게 활용할 수 있는지 생각해 보고자 한다.

- Chapter 4: 얼마나 많은 경험이 당신의 기억에 의해 만들어지고 채워지는지, 그리고 구체적 사물에서 추상적 생각들로 얼마나 빠르게 이동하는지를 이야기한다. 고객은 무엇으로 그들의 생각을 채우고 있을까?

- Chapter 5: 당신은 이 장을 통해 고객과 입장이 다르다는 사실을 확실히 인지하게 될 것이다. 고객은 당신이 쓰는 언어를 잘 사용하지 않는다. 그렇기 때문에 지나치게 전문적인 언어를 사용하면 오히려 고객의 신뢰를 떨어뜨릴 수 있다. 그러나 동시에 사용된 언어가 너무 단순해도 고객의 신뢰를 쉽게 잃게 되는 결과를 초래할 수 있다. 당신이 현재 사용하는 언어는 고객의 언어와 얼마나 일치하는가?

- Chapter 6: 당신이 일반적으로 어떤 방식을 이용해 문제를 해결하고 의사 결정을 하는지 이해한다. 이를 통해 많은 경우 당신이 가지고 있던 해결 방법은 실제적인 문제를 해결할 수 없음을 다시 한번 깨닫게 될 것이다. 고객이 가지고 있는 문제 중 당신의 제품·서비스를 필요로 하는 문제에는 어떤 것이 있을까?

- Chapter 7: 6장에서 말하는 현명한 결정을 위한 최선의 의도가 감정과 어떻게 결합하는지 보여 준다. 무엇이 고객에게 어필하고, 삶을 향상시키며, 그들 내면의 가장 깊은 열정을 깨우쳐 주는가? 또한 무엇이 그들의 두려움을 잠재우는가?

1부를 읽고 나면 당신은 인간의 인지에 관해 이전보다 훨씬 많이 알게 될 것이다. 또한 경험이 어떻게 많은 생각과 인지 과정, 감정으로 구성되는지에 대해 이해하게 된다.

Part 2 맥락적 인터뷰로 고객 마음 읽기

2부는 고객의 일상을 관찰하는 맥락적 인터뷰contextual interview에 관해 설명한다. 이러한 인터뷰를 통해 1부에서 설명했던 고객 인지심리에 관한 통찰을 얻을 수 있다. 현장 경험이 잘 녹아 있는 실용적인 사례들을 통해 고객의 관점을 보다 깊이 있게 이해하게 될 것이다.

- Chapter 8: 고객과의 인터뷰를 어떻게 진행하는지 소개한다. 간단한 인터뷰와 업무 처리를 관찰하는 혼합 형태로 연구자들은 이러한 방식을 맥락적 인터뷰라고 부른다. 이 장은 인터뷰를 하는 이유, 인터뷰를 할 때 반드시 살펴야 하는 것, 인터뷰를 하며 적은 메모들을 어떻게 정리할 것인지에 관한 내용을 포함하고 있다.
- Chapter 9: 9장에서는 고객의 관심 끌기, 그들이 원하는 것은 무엇이며 그 이유는 무엇인지 등 많은 인사이트를 수집할 수 있도록 도울 것이다.
- Chapter 10: 많은 기업들이 고객 언어를 제대로 이해하지 못해 곤란을 겪고는 한다. 10장에서는 고객이 사용하는 언어를 주의 깊게 관찰하고 해석하는 방법을 살펴본다.
- Chapter 11: 11장에서는 고객의 멘탈 모델mental model을 고찰한다. 당신이 제공하는 앱이나 서비스에서 고객은 어디에 위치해 있다고 인지하는가? 그들은 왜 단계적 이동을 필요로 하는가?
- Chapter 12: 12장에서는 고객이 이미 알고 있는 정보를 활용해야 한

다고 조언한다. 그들은 어떤 지식을 가지고 있는가? 그들은 당신의 제품과 서비스가 어떻게 작동한다고 생각하는가? 어떤 경험이 그것을 알려주는가?

- Chapter 13: 고객이 자신이 해결해야 할 문제에 관해 어떻게 생각하고 있으며, 그 문제를 어떠한 방식으로 해결하려고 생각하는지 발견하는 데 도움을 준다. 가치 있는 경험이 고객의 서로 다른 문제점을 실질적으로 해결하는 데 기여할 수 있음을 알게 될 것이다.

- Chapter 14: 고객이 인터뷰에서 말하지 않은 정보를 직관적으로 알 수 있는 방법에 대해 이야기 하고자 한다. 고객이 가지는 최대 목표는 무엇일까? 그들은 무엇을 걱정할까? 우리의 제품·서비스에 대한 구매로 이어지기까지 고객은 어떤 정보를 알아야 할까? 가장 처음으로 소개하는 인터뷰에서 고객의 지갑에 어떤 종류의 신용카드가 있는지 묻고, 그를 위한 사용자 경험을 빠르게 구상할 방법을 설명하고자 한다. 여기서 당신은 고객이 가장 중요한 인생의 목표를 이루는 데 도움을 줄 수 있도록 당신의 제품 라인에 초점을 다시 맞추어야 하는 이유에 대해 이해하게 될 것이다.

Part 3 여섯 가지 마인드를 디자인에 적용하기

우리는 이제 고객의 관심을 끌만한 다양한 인사이트를 발견하였다. 고객의 언어와 감정, 그들이 해결하려고 노력하는 문제 등을 파악하게 된 것이다. 그렇다면 이제 우리의 제품·서비스를 바꿀 차례다.

- Chapter 15: 고객 데이터에서 행동 패턴을 인식하는 방법인 센스메이킹sensemaking(사람들이 집단적 경험에 의미를 부여하는 프로세스), 즉 고객의 사고 패턴과 감정에서 알 수 있는 정보를 이용해서 소비자를 세분

화하는 방법을 총정리한다. 우편번호, 판매 평균, 경험의 연수에 집중하는 것보다 고객을 다른 관점에서 생각하는 방법이 될 수 있다.

- Chapter 16: 15장에서 적절하게 식별한 그룹별 제품 성공 공략법에 대해 생각해 보도록 한다. 고객의 니즈를 파악하고, 삶의 질을 개선하며, 최종적으로 무의식의 열정을 깨워 이들의 삶에서 가장 주요한 목표를 성취하는 데 도움을 줄 수 있어야 할 것이다.

- Chapter 17: 제품·서비스 검증법을 다룬다. 성공적으로 출시를 앞당기기 위해 검증에 필요한 여섯 가지 마인드 접근법을 군더더기 없는 애자일 접근법에 통합하는 법을 배우게 될 것이다.

- Chapter 18: 요약본을 제시한다. 국제적으로 최상위에 있는 100 군데 홈페이지 중 몇 가지를 선보이면서 우리 회사가 고안한 여섯 가지 마인드를 고려하여 어떠한 방식으로 출시했는지 보여 주고자 한다. 여섯 가지 마인드는 고정된 게 아니라는 점을 기억했으면 좋겠다. 가장 중요한 설정도 구매 과정처럼 시간이 지나면서 변할 수 있다.

- Chapter 19: 진취적인 사고에 대해 생각해 보고자 한다. 요새 실리콘밸리라는 좁은 세상에서 존재감을 과시하려면 인공지능이나 머신러닝을 말하지 않을 수 없다. 우리 모두 한 걸음 물러서서 정말 성취하고자 하는 바가 무엇인지 한번 생각해 보자. 우리가 교류하는 사람들을 인간적으로 잘 이해하고 대가를 치르는 위험을 감수하면 성공의 확률은 오른다. 머신러닝과 인공지능이 올바른 정보를 식별하여 적시에 필요한 정보를 얻고 결국 더 좋은 결정을 내리며 많은 문제를 해결할 수 있음에 대해 배운다.

좋아, 시작하자. 책을 계속 읽다 보면 새로운 정보와 도구, 기술을 습득할 수 있을 것이다. 이를 활용해 고객이 아직 경험하지 못한 최상의 제품과 서비스를 만들 수 있기 바란다.

Design for How People Think

Part 1

경험의 구성 요소

✳

"무슨 일 하세요?" 사람들이 흔히 물어보는 질문이다. 심리학자라고 대답하면 내가 무슨 일을 하는지 알겠다는 반응인데, 인지심리학자라고 대답하면 무슨 일을 하는지 통 모르겠다는 반응이다.

일반적으로 인지과학은 의식적인 사고를 비롯하여 사물의 인식, 언어 사용과 추론, 문제 해결에 소모되는 모든 정신적 과정을 다루는 학문이다. 당신은 이 책에서 경험을 새롭게 해석하는 중요한 원리를 활용해 경험을 디자인하는 법을 배우게 될 것이다.

인지를 경험하는 동안 순간적으로 반응하는 무의식적 인지 과정은 무수히 많다. 예를 들어 당신이 의자를 의자로 이해하는 것이 어떤 의미인지 생각해 보자. 당신의 시각계가 바닥 위에 놓인 물체를 인지하면, 2차원적인 이미지를 통해 눈에 보이지 않았던 3차원을 구상할 수 있게 된다. 그리고 당신이 기억하는 의자의 모습과 언어적 요소인 '의자'라는 개념을 연결함으로써 의자를 의자로 이해할 수 있게 된다.

의자를 이해할 때 여러 단계가 있다면 각 단계에서 특별하게 처리하는 고유한 체계는 경험을 구성하는 과정이라고 말할 수 있다. 1부에서는 하나의 사건이 우리가 머리로 인지하는 경험이 될 수 있음을 제안한다. 뇌 인지 과정에는 실제로 수많은 결합 요소가 작용한다.

인지 과정을 하나하나 살펴보면 우리가 새로운 경험을 구축하는 데 필요한 '경험'의 구성 성분을 식별할 수 있다. 물론 인지 과정에는 수백여 개의 구별되는 과정이 있지만, 다음 장에서는 제품·서비스 디자인과 관련도가 높은 인지 과정을 여섯 가지로 압축하여 설명한다. 시선/주의, 경로 탐색, 기억, 언어, 의사 결정, 감정이 바로 그것이다.

그럼 바로 고객의 의식과 무의식의 사고 과정을 살펴보도록 하자.

Chapter 1.

경험의 여섯 가지 마인드

1초마다 뇌에서 발생하는 인지 과정이 수백여 가지나 된다는 점은 분명한 사실이다. 그렇지만 두뇌 인지 과정을 제품 및 서비스 디자인과 연관시킬 수 있는 수준으로 단순하게 하려면 실제로 측정하고 영향을 미칠 수 있는 하위 집합으로 한정해야 한다.

두뇌 인지의 과정과 그 기능은 무엇일까? 설명을 위한 구체적인 예시로 미드 센추리 모던mid-century modern(1940~60년대 미국을 중심으로 유행한 주택 및 인테리어 양식) 하우스 콘셉트에 맞추어 복고풍 가구를 구매하는 경

그림 1-1 빈티지 의자와 스툴

우를 살펴보자. 예비 구매자는 그림 1-1과 같은 빈티지 의자나 스툴처럼 20세기 중반에 유행했던 클래식한 가구 디자인에 관심을 가질 수 있다. 아마 당신은 온라인을 통해 구매하려고 여러 온라인 사이트에서 의자를 검색하며 알아볼 것이다.

시선/주의

가구회사 홈페이지에 접속해서 의자를 찾을 때 이 홈페이지가 올바른 사이트인지 확인하기 위해 당신의 모든 관심과 시선은 사진에 쏠릴 것이다. 검색 옵션에서 '빈티지 의자'를 입력해서 찾아보거나 '가구' 혹은 '의자'와 같은 키워드로 검색해 볼 것이다. 그러다 적당한 의자가 검색되지 않으면 의자를 포함한 카테고리를 대표할 수 있는 다른 단어를 찾아볼 것이다. 그림 1-2와 같이 옵션을 살펴볼 때 '생활Living' 키워드로 옵션을 선택했다고 생각해 보자.

New Living Dining Bedroom Workspace Outdoor Storage Lighting Rugs Accessories Designers Sale

그림 1-2 설계 범위 내 웹 사이트 검색

경로 탐색

경로 탐색wayfinding(웨이파인딩)이란 물리적인 공간에서 스스로 위치를 찾고 한 장소에서 다른 장소로 이동하는 모든 방법을 의미한다. 당신이 쇼핑몰 사이트를 찾는 방법을 알게 되었다고 생각되면 다음으로는 온라인 검색 과정을 이해해야 한다. 오프라인에서 집 근처에 내가 제일 좋아하는 슈퍼나 커피숍 같은 단골 장소에 가는 지도와 방법을 파악하는 동안 온라인에서는 물리적인 실제 세상에서 우리 눈에 잘 들어오지 않는 탐색 정보를 알려줄 수 있다.

웹 사이트, 앱 또는 가상 환경 내에서 우리가 어디에 있는지 확신할 수 없는 경우가 종종 있다. 게다가 우리는 가상 공간을 탐색하는 방법을 항상 알고 있는 것도 아니다. 당신은 직관적으로 그림 1-2에 주어진 카테고리에서 '생활'이라는 옵션을 클릭해야겠다고 생각했을 것이다. 그러나 경험 공간이 조금만 바뀌어도 상황은 달라진다. 스냅챗이나 인스타그램을 이용한다고 생각해 보라. 스크린을 넘기거나 클릭하고, 핸드폰을 흔드는 일 조차도 이해하는 데 어려움을 겪는 성인들도 상당히 많다. 스스로 현재 어디에 있는지 파악하고 해당 공간을 탐색하는 방법을 제대로 이해하는 것은 매우 중요하다.

언어

인테리어 디자이너와 대화하는 고객이 있다고 가정하자. 고객이 쓰는 언어와 인테리어 전문가가 쓰는 언어는 확실히 다르다. 범주를 정의하는 용어는 자신의 전문 수준에 따라 크게 달라질 수 있다. 예를 들어 인테리어 디자이너라면 에그 체어, 스완 체어, 다이아몬드 체어, 라운지 체어가 어떻게 다른지 잘 알고 있기 때문에 가구를 찾아보는 솜씨가 뛰어날 것이다. 반대로 인테리어 디자인이 생소한 고객이라면 각각의 의자 이름을 알아보기 위해 구글에 검색해야 할 것이다. 멋진 고객 경험을 위해서는 타깃층이 사용하는 용어를 이해하고 적정한 수준에서 언어를 맞추어 주어야 한다. 인테리어 전문가에게 단순하게 의자의 종류를 알아봐 달라고 부탁하면 의자라는 용어만으로는 정확성이 떨어진다. 신경과학을 모르는 사람에게 신경해부학 용어로 배측면 전전두엽 피질과 전대상피질의 차이를 물어보는 것만큼 도움이 되지 않을 수 있다.

기억

전자 상거래 사이트를 돌아다니다 보면, 고객은 사이트 운영 방식에 대한 기대가 생긴다. 검색 창 및 검색 결과, 제품 카테고리(의자), 특정 의자에 대한 제품 상세 페이지, 주문 과정 모두를 사이트가 보여주기를 기대할 수 있다. 사람, 장소, 과정 등 심리적인 기대가 자연스럽게 생기게 되는 것이다. 그러므로 제품을 디자인하는 사람은 고객이 기대하는 바를 명확하게 이해하고 있는지를 확실하게 하고 이런 기대에서 어긋날 때 발생할 수 있는 혼란을 예측할 수 있는가를 점검할 필요가 있다. 예를 들어, 처음으로 우버를 이용하는 승객이 운전자에게 차비를 지불하지 않는다면 얼마나 어이 없을지 생각해 보자.

의사 결정

마침내 당신은 목표를 이루기 위해 마음을 정하려고 노력하는 중이다. 그림 1-3에서 해당 의자를 살지 말지 정하는 상황이라면 머릿속에 다양한 질문이 떠오를 수 있다. '우리 집 거실에 이 의자가 어울릴까?' '의자 가격이 비싼 건 아닌가?' '의자를 운반할 때 현관에 걸리면 어떡하지?' '운송 과정에서 흠집이 나거나 파손되면 어쩌지?' '이 가격이 최저가일까?' '관리는 어떻게 해야 할까?' 제품과 서비스를 디자인하는 사람이라면 물건을 사는 고객이 구매 과정에서 생각하는 모든 심리적 단계를 고려하고 이런 과정에서 발생할 수 있는 의문점에 충분히 답변할 수 있어야 할 것이다.

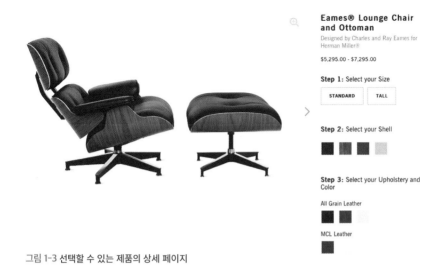

그림 1-3 선택할 수 있는 제품의 상세 페이지

감정

우리가 온전하게 논리적으로 결정할 수 있다고 믿고 싶어도 수많은 감정이
사람의 경험과 사고에 영향을 미친다는 것은 충분히 입증된 결과다. 가령
5천 달러나 되는 의자를 바라보면서 내가 이 의자를 사면 친구들에게 어떤
인상을 주게 될 것인지, 그리고 나의 사회적 위치를 의자를 통해 보여줄 수
있을 것인지에 관해 생각해 볼 수도 있다. 아니면 '의자 하나에 5천 달러나
하다니 이게 얼마나 허세야? 집세와 생활비를 앞으로 어떻게 감당하려고?
내가 이 의자를 어떻게 사겠어?'라고 생각하며 염려할 수도 있다. 인간의 무
의식적인 감정과 내면의 확고한 신념을 이해하는 것은 긍정적인 경험을 구
축하는 데 매우 중요하다.

여섯 가지 마인드

그림 1-4와 같이 앞서 설명한 부분에서 매우 다른 과정을 통합하여 일반적으로 고유한 뇌 영역에 있는 하나의 경험에서 우리가 식별하는 개별적인 경험은 무엇인지 함께 생각한다. 내가 아는 인지신경심리학자 동료들은 인간 해부 구조와 인지 과정을 우리가 과하게 단순화하고 넘어갔다는 점에 바로 동의한다. 그리고 여기 디자인과 뇌과학을 연결해 주는 몇 가지 합리적이고도 포괄적인 주제들이 있다.

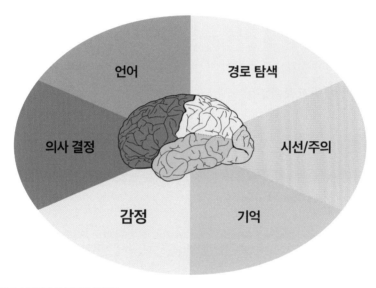

그림 1-4 경험의 여섯 가지 마인드

경험이 결코 하나로 귀결되지 않음에는 반론의 여지가 없을 것이다. 오히려 경험은 차원이 매우 다양하고 미묘한 의미 차이가 있으므로, 뇌 인지 과정과 표현이 매우 다양하다. 고객 경험은 이렇게 데이터 수치로 나타나지 않는 고객의 마음에서 발생하는 작용이다.

연습해 보기

여기서 잠깐 쉬어가면서 '전자 상거래 사이트 살펴보기'를 권하고 싶다. 자신이 평소에 거의 사용하지 않는 곳이라면 더욱 이상적이다. 사이트 내에서 '고객 경험'을 주제로 한 도서를 찾아보며 새롭게 배우게 된 내용을 토대로 연습해 보도록 하자.

시선/주의

사이트 내에서 처음으로 시선이 가는 부분은 어디인가? 이미지, 색상, 단어 등… 무엇이 먼저 보이는가?

경로 탐색

사이트의 어느 페이지에 있으며 어떻게 검색해서 들어왔는지 알고 있는가? 생각이 잘 안 난다면 왜일까?

언어

어떤 단어를 보게 되는가? 이해가 어려운 용어가 있거나 카테고리가 너무 광범위하지는 않은가?

기억

사이트에 대해 기대했던 것과 다른 부분을 확인한다.

의사 결정

책을 구매하려는 목적을 달성하기 위해 어떤 구체적인 결정이 필요했는가?

감정

걱정스러운 점이 있다면 무엇인가? 구매를 결정하는 데 걸림돌이 된 지점은 무엇인가?

 이제 당신은 심적 표상mental representation(물체, 문제, 일의 상태, 배열 등에 관한 지식이 마음에 저장되는 방식)에 대한 감각을 어느 정도 얻었을 것이다. 그리고 이제 당신은 심리학자가 아닌 프로덕트 매니저로서 고객의 시선이 어디를 향하는지, 그들이 기대하는 바가 정확히 무엇인지, 그들의 감정을 어떻게 알아차릴 수 있는지를 고민하게 될 것이다. 책의 2부를 통해 해당 내용에 대한 답을 얻을 수 있다. 그 전에 우리는 시선/주의, 경로 탐색, 기억, 언어, 감정, 의사 결정의 각 단계를 자세히 짚고 넘어가고자 한다.

Chapter 2.

시선/주의

표현이 경험이 되기까지

깜짝 놀라게 될 테니 실눈 뜨지 말고 눈을 꼭 감으라고 들었던 순간을 떠올려 보자. 눈을 번쩍 뜬 순간, 나는 이 모든 감각을 온갖 기관으로 느낀다. 눈에 들어오는 빛과 어둠, 색, 케이크와 같은 사물, 가족이나 친구들의 얼굴, 소리, 냄새, 기쁜 감정… 하나의 경험이 얼마나 순간적이며 다차원적이고 복잡한지를 잘 보여 주는 예시이다.

누구에게나 감각적으로 들어오는 수많은 정보 가운데에서도 특정 장면에서 조건 반사적으로 크게 주목하는 본능이 있다. 무인 자동차와 같은 기계에게는 매우 어려운 일이지만, 사람이라면 너무나도 당연하게 느끼는 감각이다. 노력을 안 해도 저절로 되어지는 과정이라고 볼 수 있다. 내가 사물을 어떻게 인지하고 있는지, 물리적인 3차원 세계에서 당연한 점은 굳이 생각해 보지 않는다.

이러한 과정은 안구 뒤쪽에 있는 뉴런에서 시작한다. 눈에 들어오는 정보는 뇌의 후두피질 뒤쪽으로 전달되고, 바로 다시 측두엽과 두정엽으로 전달된다. 이번 장에서는 먼저 "관심의 대상을 인지하는 경로"에 대해 살펴보고 다음 장에서는 "관심의 방향이 흐르는 경로"에 대해 알아보고자 한다(그

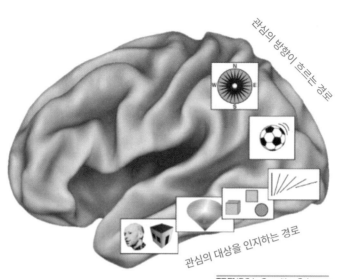

그림 2-1 관심의 대상을 인지하는 경로와 관심의 방향이 흐르는 경로

림 2-1).

　의식을 통제하지 않을 때 뇌는 소리, 감정 그리고 고유 수용성 감각 proprioception(자신의 신체, 자세, 평형 및 움직임에 대한 정보를 파악하여 중추신경계로 전달하는 감각) 이외에도 밝기, 가장자리, 선, 선의 방향, 색, 동작, 사물, 공간과 관련한 개별적인 표현을 통합된 하나의 경험으로 인식한다. 우리는 이러한 경험을 개별적인 표현으로 인식하지 못한다. 또한 이들이 하나의 경험으로 합쳐졌다는 것과 과거 기억이 우리의 인식에 영향을 미치고 특정한 감정들을 불러일으킨다는 사실도 알지 못한다.

　이를 인식하는 것은 의미 있는 성취다. 기계는 색깔과 모양이 비슷하면 아주 기본적인 것이어도 정확하게 구별해 내기를 어려워한다. 그러나 사람은 다르다. 그림 2-2와 같이 머핀과 치와와를 보여주고 사람에게 금방 구별하라고 하면 항상 정확하게 맞출 수 있다.

그림 2-2 머핀일까 치와와일까?

시선, 사물 인식과 인지에 관해 공유할 수 있는 것은 매우 많지만 디지털 프로덕트 디자인 관점에서 가장 중요한 것은 다음과 같다. 첫째, 한꺼번에 발생해 우리가 의식적으로 발견하거나 조절할 수 없는 인지 과정이 무수히 많다. 둘째, 머리로 계산하기 어려운 인지 과정이 많이 발생해도 굳이 의식적으로 신경 써가며 노력할 필요는 없다.

노벨상 수상자인 대니얼 카너먼Daniel Kahneman의 흥미로운 저서인 『생각에 관한 생각Thinking, Fast and Slow』은 매우 다른 두 가지 뇌 작용 방법을 설득력 있게 설명한다. 첫 번째로 '천천히 생각하는' 인지 과정에서 우리는 생각을 의식적으로 통제하고 이해한다. 두 번째로 '빠르게 생각하는' 무의식적인 성찰 과정은 의식적인 통제가 불가능하다.

제품·서비스 디자이너로서 우리는 의사 결정과 같은 의식적인 과정에 집중하는 것은 잘하지만, 빠른 조건 반사 과정을 활용해서 디자인하는 경우는 매우 드물다. 조건 반사 과정은 자동적으로 빠르게 발생한다. 고객은 제품·서비스를 사용하기 위해 돈을 써야 하지만 우리는 정신적인 노력에 의해 이러한 인지 과정을 공짜로 알 수 있다. 조건 반사 반응은 상대적으로 독립적이기 때문에 우리는 의식적인 과정과 함께 조건 반사 과정 또한 사용할 줄 알아야 한다. 뒷장에서 이를 자세히 짚고 넘어가겠다. 우선 지금은 우리가 사용할 수 있는 조건 반사적 시각화 과정에 관한 예시를 다루고자 한다.

시선 추적

2장을 시작하면서 처음에 들었던 예시를 다시 생각해 보자. 깜짝 파티에서 감았던 눈을 뜬다. 눈을 가렸다가 갑자기 볼 수 있게 되면 주변을 빠르게 둘러보게 된다. 실제로 일상적인 시선 이동과 같은 모습이다. 대체로 시선은 주변을 균일한 방식으로 살펴보지 않는다. 오히려 시선은 한 방향에서 다른 방향으로 빠르게 움직인다. 이러한 현상을 전문 용어로는 도약 안구 운동saccade라고 한다. 눈의 움직임은 적외선 시선 추적 장치와 같은 특수한 도구를 사용해서 측정할 수 있으며, 이제 이러한 시스템은 그림 2-3과 같은 안경이나 컴퓨터 모니터 하단에 있는 작은 부속품으로 내장될 수 있다.

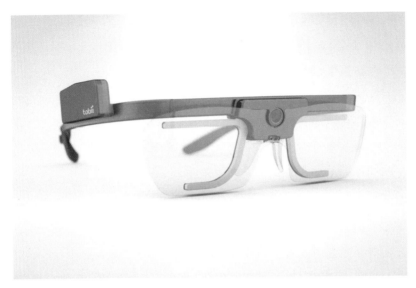

그림 2-3 토비 안경 2

그림 2-4 컴퓨터 화면 아래 장착된 토비 X2-30

시선 추적 장치는 홈페이지 화면이나 검색 결과 같은 정보에 일관된 현재 시선 처리 패턴을 기록한다. 구글 검색 창에 무언가 입력하면 컴퓨터 화면에 결과를 보여준다. 처음 결과의 한 줄에서 평균 7단어에서 10단어를 보고, 다음 줄에서는 5단어에서 7단어를 읽는데 검색 창의 세 번째 줄에서는 단어를 더 조금만 읽는다. 도약 안구 운동에는 F형 패턴 형식이 있다. 그림 2-5의 사진을 볼 때 빨간색으로 표시한 부분이 많을수록 화면에 머무는 시간은 더 길다.

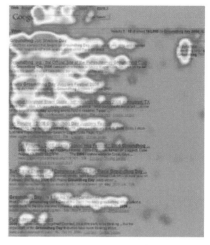

그림 2-5 F형 검색 시선 추적 히트맵 (출처: http://bit.ly/2n6yQuw)

시각적 돌출

사람은 시선의 움직임을 통제할 수 있지만, 시선의 움직임은 대부분 자동 처리 과정automatic process(의식적인 통제 없이 주의 집중 자원을 거의 필요로 하지 않고 일어나는 과정)이 작용한다. 우리 눈의 자동 조정 장치autopilot는 사람의 시야에 들어오는 사물이 강력하게 관심을 끌어서 가장 두드러지게 보일 때 시선의 이동을 부분적으로 잘 포착한다. 평범하지 않게 눈에 띄는 특징은 관심을 끌게 되어 자신도 모르게 동공이 확대되면서 시선이 쏠린다.

제품·서비스 디자이너로서는 강력한 자동 처리 과정이 눈에 들어오는 적당한 요소로 관심을 돌리기 위한 훌륭한 방법이지만 실제로 이를 잘 이용하지 못할 때가 많다. 그림 2-6에서 보이는 것과 같이 한 장면에서 눈에 띄는 특징, 즉 시각적 돌출visual popout을 연출하는 방법이 있다. 다른 중요한 특징은 목록에 상대적으로 색상을 밝게 하거나 어둡게 해서 시각적인 대조와 움직임을 더한다. 오른쪽 아래 모서리에 있는 도형은 눈에 확 들어온다.

모양이나 크기, 방향성이 크게 달라서 시각적으로 나머지 도형과 상대적으로 대조를 이루기 때문이다.

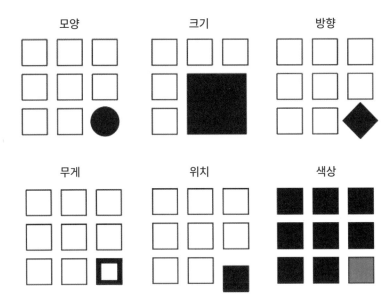

그림 2-6 시각적 돌출

시각적 돌출에 관한 흥미로운 사실은 독특한 특성이 다른 경쟁적인 요소가 얼마나 많든 상관없이 시선을 확 사로잡는다는 점이다. 시각적 돌출은 신형 자동차의 화려한 계기판처럼 복잡한 상황에서 필요할 때 관심을 집중시키는 매우 유용한 방법이 될 것이다.

눈치 빠른 독자들은 시선 통제를 생각할 때 '우리 자신이 어디를 볼지 의식적으로 정하지 않으면, 다음에 어디를 볼지 과연 누가 정하는가?' 혹은 '어떻게 우리의 눈이 보이는 장면 중 하나의 부분으로 쏠리게 되는가?'라고 의문을 던질 수 있다. 다음 시선을 어디에 둘지 결정하는 데에는 시선/주의 체계가 사용된다. 이 체계는 의사 결정을 내리기 위한 장면의 대부분을 흐릿하고 흑백으로 단순화해서 표현한다. 눈에 보이는 표현은 지속적으로 업데이트되며, 우리가 의식적으로 시선을 두지 않는다면 우리의 초점이 어디에 있어야 할지를 결정한다. 그렇다면 생각해 보자. 당신의 눈이 자동으로 움직였다면 과연 이 움직임은 당신의 의도에 의한 것일까?

어떠한 장면에 포토샵의 가우시안 블러 기능 따위를 사용해 색을 어둡게 하면 특정 장면을 정확히 파악하기 위해서는 실눈을 떠야한다. 이때 우리는 눈의 움직임을 통해 사람의 시선이 눈에 보이는 장면 중 어디에 집중할지를 예상할 수 있다. 이처럼 시선 추적 장치를 이용해서 실제 눈이 가는 패턴을 측정하도록 시험한다면, 무엇이 사람들의 시선으로 먼저 들어오는지에 관한 좋은 아이디어들을 생각해 낼 수 있다.

무위 결과 피하기

시선 추적을 연구하면서 알게 된 매우 재미있는 결과 중 하나는 사람들의 시선이 절대 가지 않는 현상인 무위 결과null result이다. 예를 들면 나는 유용한 보충 정보를 오른쪽 측면에 삽입한 웹 디자인을 본 적이 있다. 그러나 오른쪽 측면은 일반적으로 광고가 배치되는 곳이다. 사용자들은 오른쪽 측면에 위치한 정보는 당연히 광고라고 생각하기 때문에 그 자리에 실린 정보가 유용해도 그냥 지나치게 된다. 이러한 결과를 피하기 위해 디자이너는 사용자의 과거 경험을 미리 파악해야 한다. 과거의 경험에 대해 아는 것은 분명 사람들의 시선이 어디를 향하는지 예측하고, 유용한 정보에 대한 주의를 끄는 방식으로 디자인을 만드는 데 도움이 될 것이다.

고객이 당신이 알리고자 하는 정보가 있는 화면을 아예 보지 못하면,

그들은 그 자리에 무엇이 있는지 절대 알 수 없다. 애당초 그 자리에는 정보를 싣지 않는 편이 나았을 것이다. 그러나 심리학에 기초한 디자인을 통해 시선을 끄는 체계를 활용하면 놀랍게도 관심이 필요한 방향으로 사람들의 시선을 정확하게 집중시킬 가능성이 생긴다. 이는 제품·서비스 디자이너로서 경험을 최적화하기 위해 항상 활용해야 하는 기회인 것이다.

보이는 게 적을 때 더 명확하다

시선에 관한 또 한 가지 주요한 특성이 있다. 바로 사물에 대해 변별이 가능한 시야 각도인 눈의 해상력visual acuity이다. 한 장면을 볼 때 우리의 주관적인 경험은 장면의 모든 부분이 똑같이 명확하고 초점이 맞으며 상세하다는 것이다. 그러나 사실 우리 눈의 해상력은 초점에서 멀어질수록 급격히 줄어든다. 신경이 집중되어 있는 약 2°의 시각visual angle만이 정확한 해상력을 제공할 수 있다.

눈으로 보고 있는 지점으로부터 각도가 조금이라도 틀어지면 우리의 뇌는 그 지점에 무엇이 있는지 여러 가지로 추측하지만, 인지 과정을 완벽하게 처리하지는 못한다. 고객의 시선이 어디를 향하는가는 아주 중요한 경험적 요소가 될 수 있는 것이다.

이미지의 반역

페이지, 그림, 도표에서 우리가 제시하는 단어에 상관없이 표시된 요소는 최종 사용자가 보고 있는 개체를 정확하게 식별하는 경우에만 유용하다.

아이콘이 좋은 예시가 될 수 있다. 그림 2-7에서 보이는 아이콘을 인스타그램을 안 써본 사람들에게 보여 주면서 이게 뭔지 아느냐고 물으면 절대 정확하게 맞출 수 없을 것이다. 이들은 실제 의미와 상관 없이 평소에 자신이 사용하는 대로 아이콘을 해석한다. 디자인 팀은 모든 시각적 요소를 테스트해야 한다. 그것들이 정확하게 식별되는지, 필요시 그것들을 연습으로 학습할 수 있는지 확인하는 작업이 필수적이다. 의심의 여지가 있다면 굳이 표준을 시험하기 위한 창의력을 발휘하기보다는 보편적인 아이콘을 사용해 다른 방법으로 독특하게 만들어야 한다.

그림 2-7 인스타그램 컨트롤 키

Chapter 3.

경로 탐색

우리가 무엇을 보는지 생각하는 방법의 논리적 확장은 공간에서 우리는 어디쯤 있는가를 이해하는 것이다. 우리 뇌의 상당 부분은 공간 정보를 표현하는 일에 전념한다. 이번 장에서는 위치를 파악하고 이동 가능 범위를 인지하는 두 가지 관점의 두뇌 인지 과정을 어떻게 디자인에 활용할 수 있을지 논의하고자 한다.

사막의 개미: 유클리드 공간 계산하기

경로 탐색의 개념 이해를 돕기 위해 튀니지 개미에 관한 이야기를 하려고 한다. 흥미롭게도 이 개미는 인간의 주요한 능력 중 하나를 지니고 있다. 나는 랜디 갤리스텔Randy Gallistel의 저서 『The Organization of Learning』에서 이 내용을 처음 접했으며, 이 책을 통해 다른 동물들이 지닌 놀라운 능력에 대해서도 알게 되었다. 크고 작은 생명체들은 우리가 생각하는 것보다 훨씬 더 많은 인지 과정을 공유한다. 시간, 공간, 거리, 빛과 소리의 세기, 그리고 지리적 영역에서의 음식 비율의 표현 등은 많은 생물들이 할 수 있는 계산의 몇 가지 예에 불과하다.

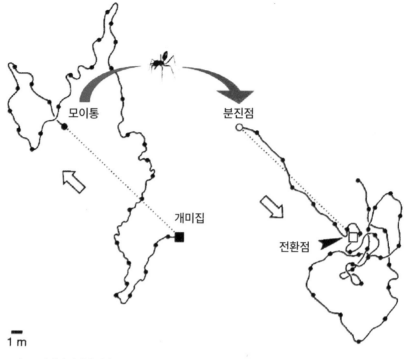

그림 3-1 사막의 튀니지 개미

　자신이 사막의 튀니지 개미라고 가정해 보자. 사막에서 자신의 위치를 확인하는 것은 특히 어려운 일이다. 나무나 지리적 특성 같은 눈에 띄는 특징이 없어서 바람이 불어 모래가 움직이면 많은 변화가 생길 수 있다. 사막에서 발자국, 이정표, 냄새의 흔적은 강한 바람이 불어와 언제라도 바뀔 수 있으므로 믿으면 안 된다.

　또한, 사막의 빠른 개미들은 음식을 찾아 사하라 사막의 구불구불한 길을 기어간다. 그림 3-1에서 대체로 개미는 집을 떠나 북서쪽으로 이동한다. 실험을 위해 과학자는 시럽을 모이통에 가득 채워 두었다. 운 좋은 어느 개미가 모이통에 담긴 시럽을 발견한다. 시럽을 맛보고 나니 다른 개미들에게 이 엄청난 소식을 전하지 않을 수 없겠지! 그때 과학자는 선수 쳐서 개미가 들어 있는 모이통을 들어 동쪽으로 12m 떨어진 지점에 옮겨 놓았다. 경로는 도표 그림의 빨간 선으로 표시했다.

이 개미는 개미집에 있는 다른 개미에게 이 기쁜 소식을 전하고 싶은 마음에 집으로 빨리 돌아가는 지름길을 찾으려고 했다. 개미는 모이통을 옮기지만 않았으면 개미 언덕이 있었을 지점인 남동쪽으로 직행했다. 정확하게 원래 있었던 그 위치의 거리만큼만 이동하고는 개미집이 있어야 할 바로 그 지점에서 개미는 뱅글뱅글 돌기 시작했다. 기억에 남는 특징이 없는데도 불구하고 이는 꽤 현명한 전략이다. 유감스럽게도 문제의 개미는 연구자가 모이통을 옮겨 놓은 것을 알 수 없으니 이동한 거리만큼만 정확하게 돌아와서는 길을 헤매고 있었다.

이러한 실험을 통해 우리는 개미가 순수 방향 감각을 가지고 태양만으로 유클리드 공간Euclidean space을 이동하는 거리를 셈할 수 있다는 사실을 알 수 있다. 그리고 이는 우리의 두정엽이 얼마나 계산에 탁월한지 보여주는 좋은 사례이다.

물리 공간과 가상 공간에서의 경로 탐색

예시의 개미와 같이 우리는 현재의 위치가 어디인지, 어디로 가고자 하는지, 목적지에 어떻게 도달할지 결정해야 한다. 이를 위해 우리 뇌의 위치 체계가 사용된다. 위치 체계는 포유류의 피질 중에 가장 큰 부위 중 하나이다.

물리적 세계의 공간을 지도화하는 이 놀라운 능력이 우리 안에도 내장되어 있다면 디지털 세계, 즉 가상 공간에서 길을 찾을 때에 있어서도 이러한 잠재 능력을 활용하는 것이 당연하지 않겠는가?

나는 이 책에서 "경로 탐색"에 대해 이야기할 때, 비슷하지만 반드시 똑같은 인지 과정을 사용하는 것은 아닌 두 가지의 개념을 연결 지어서 이야기한다.

- 3D 공간과 시간의 경과에 따른 움직임을 활용하는 물리적 공간에서의 경로 탐색
- 가상 세계에서의 경로 탐색과 이동

물론 두 가지 개념 사이에는 중복되는 부분도 분명 존재한다. 그러나 좀 더 주의 깊게 연구해 보면, 우리는 이것이 단순한 일대일 매핑이 아니라는 점을 깨닫게 된다. 스마트폰과 웹 브라우저 등 대부분의 인터페이스에 존재하는 오늘날의 가상 세계는 랜드마크와 단서에 의한 경로 탐색 방법이 통하지 않는다. 웹 페이지, 앱, 알렉사나 시리 같은 음성 경험 내에서 우리의 위치를 언제나 명확하게 파악할 수 있는 것은 아니다. 우리가 원하는 위치에 도달하는 방법, 그리고 우리의 현 위치를 마음의 지도로 그려 보는 방법 역시 명확하지 않다. 그러나 현재의 위치를 파악하고 실제 또는 가상 환경에서 이동하는 방법을 이해하는 것은 최상의 경험을 구축하는 데 있어 매우 중요하다.

생각해 볼 거리

스스로를 방향 감각이 없다고 생각한다면, 낙심하지 말 것! 당신은 당신이 체감하는 것보다 훨씬 좋은 방향 감각을 가지고 있다. 아침에 침대에서 일어나 별다른 노력을 들이지 않고 화장실까지 갈 수 있음을 생각하면 이해가 될 것이다. 또한 당신은 개미와 마찬가지로 누가 당신을 차로 태워다 주었는데 도중에 주차장에서 다른 차로 갈아탈 일이 생겼다 해도 집으로 돌아오는 길에 특정한 시각적인 단서가 없이 당신은 당신이 어느 차를 타고 왔는지 알아 볼 수 있다.

어디로, 어떻게 가야 하는가?

물리적인 세계에서는 확실한 단서가 없으면 어디에도 가기 힘들다. 공항에서의 탑승구 번호, 고속도로 표지판, 둘레길의 산책로 표지판은 일상에서 편리하게 사용되는 작지만 실질적인 단서이다.

새로운 디지털 인터페이스로 탐험하는 것은 쇼핑몰에서 지도 없이 돌아다니는 것과 같다. 내가 지금 여기에서 어디에 있는지 알려 주는 확실한 단서가 별로 없어서 길을 잃어버리기 쉽다. 그림 3-2는 웨스트필드 몽고메리 몰이라는 쇼핑 센터의 사진이다. 사진 속에는 거의 똑같아 보이는 여덟 군데의 복도가 있다. "나 샹들리에 아래에 있는 테이블과 의자 근처에 있어."라고 말하는 친구를 찾기 위해 애쓰는 상황을 가정해 보자.

그림 3-2 웨스트필드 몽고메리 몰

걸어서 이동하는 방법을 알고 있는 현실 세계와는 달리 디지털 세계에서는 앱이나 운영 체제 등의 제품에 따라 완전히 달라지기 때문에 경로 탐색이 훨씬 어렵다. 스마트폰에서 원하는 동작을 발생시키기 위해 제품의 버튼을 누르고, 제품 전체를 흔들고, 가운데 단추를 누르고, 오른쪽으로 화면을 스와이프하는 등의 작업을 수반하는 것을 예로 들 수 있겠다.

또한 인터페이스 중에는 현실 세계에서의 경로 탐색 시 필요한 것보다 훨씬 복잡한 경우가 많다. 예를 들어, 나이가 많은 사람의 대부분은 스냅챗과 같은 플랫폼을 탐색하는 것이 매우 어렵다고 생각한다. 한 장소에서 다른 장소로 이동할 수 있는 직접적인 버튼이나 링크가 없으므로, 원하는 장소에 도달하려면 클릭하거나 스와이프하는 위치를 찾아야 하는데 도통 방법을 모르는 것이다(그림 3-3).

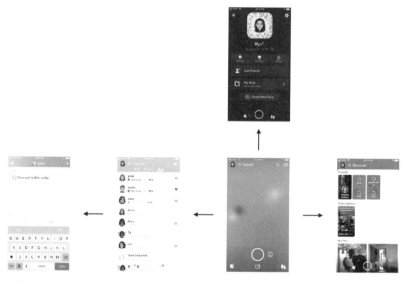

그림 3-3 스냅챗 탐색 화면

2017년 스냅챗이 업데이트되었을 때 스냅챗을 좋아하는 10대들 사이에서 큰 반발이 있었다(구글에서 내용을 찾아보기 바란다). 이유가 뭘까? 기존 사용자의 경로 탐색 기대가 더 이상 통하지 않았기 때문이다. 지금도 스냅챗은 고객의 기대에 부응하기 위해 이러한 변화를 해결하고 있다. 고객의 기대를 맞추는 일은 매우 중요하다. 고객의 기대에 부응할 때 비로소 가치 있는 경험이 창출된다.

우리의 가상 세계를 물리적 세계와 동등하게 연결할수록 가상 세계는 더욱 발전할 것이다. 아직 시작하는 단계이지만 증강 현실AR, 가상 현실VR, 스크린 화면 가장자리에 삐져나온 핀터레스트Pinterest 사진과 같은 작은 힌트를 통해서도 디지털 시대가 도래하였음을 짐작할 수 있다. 인터페이스를 더욱 좋은 방향으로 개선할 수 있는 기회 역시 많아졌다. 뉴스 포털이 섹션별로 조금씩 다른 배경을 적용하는 것처럼, 가상 공간의 미세한 차이 혹은 힌트와 같은 기본적인 정보 역시 우리가 보다 수월하게 경로 탐색을 할 수 있도록 돕는 요소로 작용한다.

디자이너들이 충분히 사용하지 못한다고 여겨지는 탐색 힌트 중 하나는 바로 '3D 공간 감각'이다. 가상 공간을 실제로 "걸을"필요는 없겠지만, 그림 3-4에 나오는 장면과 같은 3D 공간의 단서를 사용하는 흥미로운 방법이 있을 수 있다. 그림 3-4는 차의 크기와 보도의 폭이 뒤로 뻗어나가는 것을 통해 원근감을 제공한다. 이는 자동 인지 처리 시스템으로 누구에게나 있는 것이다. 이 시스템의 특징은 의식적인 사고 과정을 거치지 않고 바로 일어나게 된다는 점이다. 아직 개발되지 않은 흥미로운 가능성들이 무수히 많다!

그림 3-4
시각적인 관점

인터페이스 테스트

오늘날 인터페이스를 테스트하여 우리가 만든 메타포metaphor(은유), 즉 고객의 위치와 고객이 제품·서비스와 상호작용하는 방식이 명확한지 확인하는 일은 매우 중요하다. 터치스크린 노트북을 사용하여 진행된 초기 연구 중에 사용자들이 앱이나 웹 사이트의 가상 공간에서 어떻게 이동할 수 있다고 생각하는지를 알아보기 위한 테스트의 가치를 입증하는 연구가 하나 있었다. 터치스크린 노트북을 처음 접할 때 참여자는 그림 3-5에서 볼 수 있듯이 본능적으로 물리적 세계의 메타포를 사용했다. 연구 참여자는 선택하려는 항목을 터치하고(오른쪽 상단의 프레임), 실제로 스크롤이 있는 것처럼 위아래로 드래그하며(좌측 하단 프레임), 무언가 입력하기 위해 화면을 터치

그림 3-5 터치스크린 노트북을 접한 후 초기 반응

그림 3-6 두 엄지손가락으로 터치스크린 노트북 사용하기

했다(좌측 상단 프레임).

그러나 단순히 예상할 수 있는 작업을 수행하는 것 외에도, 테스트를 통해 예상하지 못했던 사항들을 발견할 수 있었다(그림 3-6).

그림과 같이 참여자는 모니터의 양쪽에 손을 대고 화면 양쪽에 있는 두 엄지손가락을 사용하여 인터페이스를 위아래로 밀었다. 이렇게 할 거라고 누가 생각이나 했을까?

터치스크린 테스트는 두 가지 특징을 보여 주었다.

- 고객이 새로운 도구와 어떻게 상호작용할지 완벽하게 예측할 수 없으므로 실제 고객의 제품 테스트와 고객 반응을 관찰하는 것이 매우 중요하다.
- 사람들이 가상 공간을 표현하는 방법과 가상 공간에서 이동할 수 있는 상호작용이 무엇인지 아는 것은 매우 중요하다.

이를 진행하는 동안 우리는 두정엽의 작용을 관찰하게 될 것이다.

우리는 사용자들이 넷플릭스나 아마존 파이어와 같이 비교적 "평평한", 즉 3D 힌트가 부족한 스크린 앱들과 상호작용하는 것을 관찰했다. 그 결과 사용자들이 메뉴의 옵션을 어떻게 탐색하는지, 그리고 이 앱에 무엇을 기대하는지를 알 수 있었다.

현실에서는 무언가를 움직일 때 지체되는 게 없기 때문에 사용자는 당연하게 가상 공간에서도 무언가를 선택하면 시스템이 즉시 반응할 것을 기대한다. 그림 3-7에서 보이는 바와 같이 가상 공간의 무언가를 화면에서 클릭했을 때 몇 초 동안 아무 변화가 없으면, 뇌는 이내 당황하게 되고 본능적

그림 3-7 TV 화면 인터페이스의 시선 추적

으로 기대와 다르다는 사실에 집중하여 의도했던 가상 경험과 거리감을 느끼게 된다.

음성 인터페이스에 '위치'가 있는가?

구글 홈, 아마존 알렉사, 애플 시리, 마이크로소프트 코타나와 같은 음성 기반 인터페이스는 무수한 가능성을 지닌다. 하지만 이런 음성 인터페이스를 테스트하는 과정에서 우리는 새로운 사용자들이 음성 인터페이스를 접할 때 기기가 듣고 있다는 실질적인 단서가 없으니 불안해한다는 점을 발견할 수 있었다. 시스템의 상호작용과 반응 타이밍이 사용자가 예상하는 인간적인 반응과 차이가 크다는 점도 불안함의 원인 중 하나였다.

일대일 대응으로 음성 기반 인터페이스를 업무나 개인 용도로 테스트했을 때 음성 인터페이스에 앞서 몇 가지 중요한 해결 과제가 있는 것을 발견할 수 있었다. 첫째, 오프라인에서나 스크린 기반의 인터페이스와는 다르게 시스템상에서 사용자의 대략적인 위치를 알려 주는 단서가 없다. 음성 인터페이스로 파리 날씨에 관한 대화를 시작했다고 생각해보자. "모나코에 가려면 시간이 얼마나 걸리지?"와 같은 질문을 연달아 물을 수 있다. 당신은 여전히 파리를 생각하고 있겠지만, 음성 인식 시스템 프레임이 동일하게 파리를 참조하고 있는지는 알 수 없다. 몇 가지 예외 상황을 제외하면, 음성 인식 시스템은 매 대화를 완전히 새로운 맥락에서 시작한다. 대화의 흐름을 파악하는 경우는 거의 없는 것이다.

둘째, 시스템이 특정 주제나 알렉사 음성 인터페이스를 사용하면서 스포티파이의 기능같이 특정 앱의 영역에 들어가면 물리적인 공간에서와 달리 그 영역의 어디에 있는지를 알 수 있는 단서가 없다. 어떻게 사용할 수 있는지 상호작용은 어떻게 하는지 알 방법도 없다. 음성 기반 인터페이스에 접근할 수 있는 전문가들이 이 문제를 해결해서 오늘날의 인상적이지만 아직은 최적화되지 않은 음성 인터페이스를 개선할 수 있기를 희망할 뿐이다.

제품·서비스 디자이너는 문제를 해결하려고 하지만 사용자들이 겪는 새로운 문제는 미처 생각하지 못한다. 가상 공간에서 사용자가 무엇을 인지하건 간에 우리는 그들의 사용자 경험과 일치시키기 위해 최선을 다해야 한다. 사용자가 다른 무언가와 소통하던 방식으로 서비스를 맞추어야 한다. 이를 위해 우리의 두정엽을 적극 활용해 보도록 하자.

Chapter 4.

기억

세부 사항의 추상화

어떤 장면을 보거나 대화에 참여할 때 우리는 실제로 보이는 세부적이고 구체적인 사항은 잘 파악하지 못하고 우리가 신경 쓰는 개념적인 표현에만 추상적으로 집중하는 경향이 강하다. 당신은 스스로를 시각적인 사람이라고 여기며, 모든 세부 사항을 이해하고 있다고 착각할 수 있다. 그렇다면 그림 4-1에서 어느 게 진짜 미국의 1페니짜리 동전인지 맞혀 보자.

그림 4-1 어느 게 진짜 미국의 1페니 짜리 동전일까?

미국 사람이라면 살아오면서 이런 동전은 아마 수천 번은 보았을 것이다. 게다가 당신이 진정한 비주얼 씽커visual thinker라면 동전 찾기는 당연히 별로 어렵지 않다(수수께끼의 정답은 4장의 마지막 페이지에 있다).

미국 사람이 아니거나 실제로 동전을 본 적이 거의 없는 사람이라면 동전 찾기 테스트가 공평하지 않다고 생각할 수 있겠다. 나도 그건 인정한다. 그렇다면 수백만 번쯤 보았을 알파벳 문자 'G'를 가지고 생각해 보자. 다음 중에 알파벳 소문자 'G'를 올바른 방향으로 바르게 작성한 것은 무엇일까(그림 4-2)?

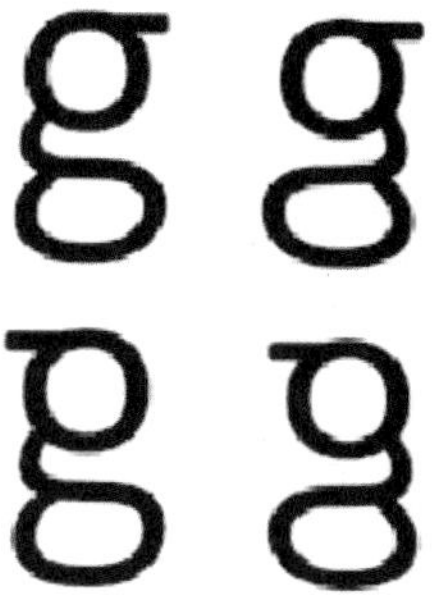

그림 4-2
어느 게 올바른 소문자 'G'인가?

올바른 소문자 'G'를 찾는 일은 생각처럼 쉽지 않다. 무언가를 볼 때 우리는 대부분 마음속 카메라로 스캔한 장면과 같이 생각한다. 그러나 1초가 채 지나기 전에 물리적인 세부 사항은 마음에서 지우고, 평소에 품고 있던 고정관념이나 추상적인 개념으로 마음속 영상을 대체해 버린다. 사실 고정관념이라고 해서 모두 다 부정적인 것은 아니다. 고정관념에 대한 사전적 정의는 '고정적이거나 일반적인 패턴에 부합하는 것'이다. 그림 4-3의 전화기에 대한 고정관념과 같이 머그잔, 새, 나무 등 어떠한 것에든 이러한 편견적 사고방식이 적용될 수 있다.

우리의 기억은 어떠한 핵심적인 특징을 생각해 낸다. 머릿속의 개념들은 유선전화에서 스마트폰으로 '전화기'의 개념이 진화하듯이 계속해서 변한다.

인지 경제의 관점에서 볼 때 색상, 빛, 그림자, 각도 등 전화기의 모든 측면을 기억하는 것은 불가능하다. 차라리 전화기의 구체적인 예를 빨리 생각해 내는 것이 옳다. 표현된 개념은 특정한 예시에 관해 우리 기억에 생긴 공백을 채운다.

그림 4-3 전화기의 고정관념

생각해 볼 거리

디자이너는 인지 과정의 신비를 잘 알고 이를 활용할 수 있어야 한다. 이미 누군가의 머릿속에 있는 추상적 개념을 활성화하여, 보다 효율적으로 사용자 기대 심리를 일치시키는 일을 관리하는 것이다. 이로써 고객은 디자인 경험을 더욱 신뢰하게 될 것이다.

쓰레기통 그리기

기억이 얼마나 추상적일 수 있는지를 잘 보여 주는 실험이 있다. 종이 한 면에 빈 사각형을 그려보도록 하자(그림 4-4의 공간을 활용해도 좋다). 그리고 그림 4-5의 사진을 20초간 응시한다. 그 후 펜을 들어 당신이 본 것을 기억나는 대로 모두 그려 보기 바란다. 자신이 본 물체가 어디에 있었는지 장면을 최대한 그대로 재현해 보면 되는 것이다. 그림을 잘 그리지 않아도 된다. 윤곽만 스케치해도 충분하다.

그림 4-4 여기에 그림을 그려 보자.

그림 4-5 골목길 사진

이제 사진과 자신이 그린 스케치를 비교해 보기를 바란다. 두 개의 쓰레기통, 쓰레기통의 뚜껑, 구겨진 종이, 울타리 모두 정확하게 표현하여 그리기에 성공하였는가?

그렇다면 이제 난이도를 더 높여 보자. 쓰레기통 하나와 울타리의 윗부분이 잘린 것을 발견했는가? 쓰레기통과 울타리 윗부분이 사진에 잡히지 않은 것도 알고 있었는가? 이 부분은 캐치하지 못했을 것이다.

많은 사람들이 이미지를 볼 때 무의식적으로 줌 아웃zoom out(영상 축소)시키고 유사한 사물에 대한 저장된 표현에 따라 사물을 완성한다. 이와 같은 실험을 통해, 사람들은 울타리의 가장자리가 사진 프레임에 다 들어가도록 울타리를 확장시키고, 뚜껑을 잘리지 않는 완벽한 원으로 표현하며, 각각의 쓰레기통의 보이지 않는 가장자리를 스케치하려는 경향이 있음을 발견할 수 있다. 쓰레기통에 관한 우리의 고정 관념과 가정을 활용한다면 이 스케치는 완벽하게 말이 되지만, 엄밀히 말하면 이 스케치는 그림 4-5의 사진과 완벽하게 일치한다고 볼 수는 없는 것이다.

엄밀히 따지면 우리는 사진 프레임 너머에 실제로 무엇이 있는지 알 수 없다. 잘려 있는 쓰레기통 뚜껑이 어떻게 확장되어 있는지, 울타리 끝에는 무엇이 있는지 우리로서는 알 수 없다. 그림 4-6도 마찬가지다. 우리가 아는 사실은 울타리 꼭대기에 다비드 조각상이 잔뜩 앉아 있다는 것이다.

머릿속에서 이미지를 완성하려는 자연적인 경향을 '경계 확장boundary extension'(그림 4-7)이라고 한다. 우리의 시각 시스템은 마치 좁은 출입구를 통해 사물을 바라보는 상황과 같이 이미지의 나머지 부분을 예측한다. 경계 확장은 추상적이고 개념적인 표현을 구체적인 이미지로 생각 속에서 어떻게 빠르게 전환하는지를 보여 주는 좋은 예시다.

이를 통해 디자이너가 알 수 있는 시사점은 다음과 같다. 인간의 행동과 반응 방식의 많은 부분이 실제로 보이는 것이 아닌 보이지 않는 기대와

그림 4-6 울타리 기둥 위에 동상을 그릴 수 있었는가? (출처: https://flic.kr/p/4t29M3)

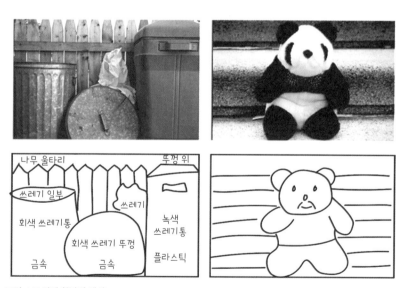

그림 4-7 경계 확장의 예시

고정관념, 그리고 예상에 바탕을 두고 있다는 점이다. 우리는 디자이너로서 소비자의 숨겨진 기대와 고정관념이 무엇인지 발견할 수 있어야 한다(이에 관한 더 자세한 내용은 2부에서 다루겠다).

서비스에 대한 고정관념

앞서 말한 것과 같이, 기억은 사람들이 일반적으로 생각하는 것보다 훨씬 더 개념적이다. 목격한 장면을 증언할 때 사람들은 지각적인 세부 사항은 잘 잊게 되고, 의미 기억semantic memory 속에 저장된 것에 의존하는 경향을 보인다. 사건을 기억할 때도 마찬가지다. 아이가 오래전에 잘못한 일을 가지고, 자기 아이는 항상 말썽만 일으킨다고 확대 해석하는 경우가 바로 그것이다.

앞서 소개한 쓰레기통 그리기 실험은 이러한 고정관념을 보여 주는 시각적 예시이다. 그리고 이러한 고정관념은 비단 시각적인 것에만 한정되지 않는다. 우리는 또한 특정한 상황이 어떻게 전개되는지, 그리고 그 속에서 어떻게 상호 교감 하는지에 관해서도 고정관념을 가진다. 아래는 언어, 상호작용, 사건에 관한 고정관념을 더 자세히 알려 주는 사례다.

해피 아워happy hour(식음료 매장에서 손님이 드문 시간대를 이용하여 간단한 식사 등을 제공하는 서비스)에 당신의 동료를 초대했다고 가정해 보자. 당신의 동료는 해피 아워를 생각할 때 호화로운 장식, 모던바, 말끔한 복장의 칵테일 전문가를 떠올릴 수 있다. 반면 당신은 저렴한 술집의 2달러짜리 맥주, 다소 불친절한 종업원 등을 생각할 수 있다.

똑같이 해피 아워를 생각해도 떠올리는 장소에 따라 어떤 일이 생길지에 관한 기대는 매우 다를 수 있다. 쓰레기통을 직접 그려 보는 실험에서 확인한 것과 같이 고객은 추상적인 표현으로 빠르게 넘어간다. 어디에 앉아, 어떻게 돈을 지불하고, 어떤 냄새를 풍기며, 누구를 만나 무슨 말을 들을지 등에 관해 우리는 기대하는 바가 있다.

디자이너는 정의된 용어로 고객이 연상하게 되는 개념이 무엇인지 반드시 알아야 한다. 해피 아워는 이를 잘 설명해 주는 완벽한 사례라고 할 수 있다. 제품·서비스에 대한 고객의 기대와 디자인 방식 사이에 극적인 차이가 있을 때, 고객의 기대는 좌절되고 만다.

그림 4-8 내가 생각하는 해피 아워는?

멘탈 모델 이해하기

'실제, 가상 또는 상상하는 상황의 심리적 표현'으로 정의되는 올바른 멘탈 모델을 알고 활성화하면 디자이너로서 많은 시간을 절약할 수 있다. 고객 경험에 관해 이야기 하면서 거의 들어 본 적 없는 용어겠지만, 멘탈 모델을 제대로 이해하고 활용하면 고객의 신뢰를 보다 쉽게 얻을 수 있게 된다.

사례 연구: '주말'이라는 개념

문제: 금융기관의 한 프로젝트로 우리 팀은 두 개의 그룹이 돈을 어떻게 사용하고 관리하며 인생의 목표를 달성하기 위해 돈을 사용하는지 인터뷰한 적이 있다. 두 그룹은 각각 젊은 전문직의 미혼이고 자녀가 없는 그룹, 나이가 조금 있고 대부분 어린 자녀가 있는 그룹으로 이루어져 있었다. 우리는 이들에게 주말을 어떻게 보내는지 물었다. 응답한 내용은 그림 4-9에서 확인할 수 있다.

결과: 두 그룹은 주말이라는 단어를 듣고 연상하는 것들이 매우 상이했다. 이들의 응답은 우리가 정보를 얻는 데 매우 도움이 되었다. 먼저, 주말이라는 단어의 개념이 각 그룹에 무엇을 의미하는지 알게 되었다. 그리고 두 그룹의 범주가 어떻게 다른지 알게 되었다. 여기에는 참여자가 무엇을 중요하게 생각하고 시간을 어떻게 보내는가도 포함된다. 또한 우리는 '사치'라는 개념이 어느 그룹이냐에 따라 그 의미가 매우 다르게 여겨진다는 것을 알게 되었다. 타깃 그룹에 맞게 제품과 서비스를 맞춤화하려면 이들이 개별적으로 생각하는 주말의 멘탈 모델을 반드시 확인해야 한다. 멘탈 모델은 우리가 사용하는 언어와 이미지에서부터 우리가 불러일으키려고 하는 감정에

그림 4-9 주말을 설명하는 데 사용한 어휘

이르기까지 모든 것에 영향을 미칠 수 있다.

다양한 유형의 멘탈 모델

지금까지 우리는 우리의 마음에서 시각적 세부 사항이나 단어가 얼마나 빠르게 추상적인 개념으로 변하는지, 그리고 그러한 시각적 특징이나 단어에 의해 생성되는 표현들이 어떻게 고객들 사이에서 구별될 수 있는지에 대해 논의했다. 그러나 이러한 지각적, 의미적 패턴 이외에도 정형화된 시선 패턴 또는 이동실행과 같은 다양한 유형의 타입이 존재한다.

써본 적 없는 남의 핸드폰이나 리모컨을 건네받고는 나도 모르게 이렇게 혼잣말을 해본 경험이 아마 있을 것이다. "뭐부터 해야 하지? 왜 안 되지? 어떻게 작동하지? 그걸 찾지 못하겠네⋯⋯." 이러한 경험은 정형화된 시선과 이동실행 능력 사이의 갈등이다. 이때 우리는 기존의 생각을 무시해야 할 필요가 있다.

여기서 이해하고 넘어가야 하는 핵심은 제품·서비스와의 상호작용에 관해 고객의 기대가 있다는 점이다. 우리가 이런 식으로 생각하는 것이 타당한 이유는 보통의 상황이라면 기억하고 있는 자동적인 패턴은 매우 효율적이며 다른 방향으로 정신을 집중할 수 있게 되기 때문이다. 그러므로 제품·서비스 디자이너라면 다음과 같이 해야 한다.

- 사용자가 기억하고 있는 수많은 개념과 자동화 과정을 이해한다.
- 추측한 생각과 다를 경우 혼란을 예상하고 대비한다.

수수께끼 정답

60쪽: 어느 게 진짜 미국의 1페니 짜리 동전일까?

정답: 첫째 줄의 4번째 행

61쪽: 어느 게 올바른 소문자 'G'인가?

정답: 왼쪽 상단의 'G'

Chapter 5.

언어

프랑스 작가인 볼테르Voltaire의 말에 의하면 언어는 말로 표현하기 매우 어려운 것이라고 한다. 5장에서는 이토록 어려운 언어에 관한 이야기다. 특히 고객이 사용하는 언어를 살펴봄으로써, 디자이너가 사용자 언어를 이해하는 것이 왜 중요하고 제품·서비스를 디자인할 때 이러한 이해가 어떻게 작용하는지 알아본다.

이미 다루었던 주제?

4장에서 우리는 마음에서 작용하는 의미 표현에 대해 다루었다. 이러한 개념에는 언어적인 부분도 포함된다. 언어학자가 아니면 한 개념과 그 개념의 언어적 참고 신호를 생각할 때 하나의 같은 개념으로 인식하는 경우가 많다. 하지만 실제로는 그렇지 않다. 언어는 실제로 형태소와 음소, 문자의 조합으로 의미 있는 개념을 연상시킨다. 의미는 단어로 연상되는 추상적인 개념이다. 영어에서는 소리와 글자 사이에 관계가 없으며 언어적 요소로 완성되지 않는 개념도 있다. 예를 들면, 비를 뜻하는 단어인 'rain'과 난간을 뜻하는 단어인 'rail'은 알파벳 3개를 똑같이 쓰지만 그렇다고 해서 연상되는 의미가 거의 비슷하지는 않다. 오히려 그림 5-1의 의미 구조도semantic map에서 참고할 수 있듯이 언어적 요소 집합과 암시하는 의미 사이에 근본적으로 무작위적인 연관 관계가 있다.

또한, 이러한 연상은 사람마다 다를 수 있다. 예를 들면 전문가와 비전문가처럼 타깃층에 따라 사용하는 용어는 매우 다를 수 있으며 같은 단어라도 다른 의미를 부여할 수 있다. 그렇기 때문에 제품 및 서비스 디자인을 알리기 위해 단어 사용을 주의 깊게 연구하는 일은 매우 중요하다.

그림 5-1 의미 구조도

마음의 언어

우리는 제품 디자이너로서 우리가 사용하는 단어를 다른 사람들도 같은 의미로 받아들인다고 생각하기 쉽다. 이러한 관점은 우리의 삶과 인간 관계, 디자인을 훨씬 쉽게 만들어 줄 수도 있지만, 현실은 우리의 생각과 많이 다르다. 4장에서 읽었던 추상적인 개념과 마찬가지로 단어와 의미의 결합은 개인마다 다를 수 있으며 그룹 사이에서 고유한 의미를 지닌다. 우리는 각자를 특별하게 만드는 것에 집중함으로써 서로를 더 잘 이해할 수 있다.

고객은 대체로 이 점을 모르기 때문에 단어는 단어이고 자신이 생각하는 의미가 옳다고 생각하므로 제품이나 서비스를 사용할 때 예상하지 못한 용어 및 단어로 의미를 사용하게 된다. 여기에는 문화적 참고 신호가 있는 "BAE(Before Anyone Else, 자기야)", 말투에 격식이 없는 "이봐(dude)!", 전문 용어인 '실행 실서증'(특수한 유형의 쓰기 결함) 등 여러 가지가 속할 수 있다.

예를 들어 내가 "대가리 좀 굴려봐!"라고 말하면 상대방은 무엇에 열심히 집중하라는 조언으로 받아들일 수도 있지만, 기분 나빠할 수 있다. 인지 심리학을 하는 사람이라면 대가리라는 단어가 애매하게 기분 나쁜 격식 없는 단어라는 점을 알아챌 것이다. 한편 인지심리학을 모르는 사람에게 "너의 배외측 전전두피질을 사용해봐."라고 말하면 이게 무슨 말인지 이해하기 어려울 것이다. 아무런 의미가 전달되지 않거나 '상식적으로 이해해야 하는 말인데 내가 못 알아듣나?'라고 생각하며 지레 겁먹을 수도 있다. 결과적으로, 어느 경우라도 상대방이 기대하는 문체에서 벗어나 신뢰를 잃게 될 위험을 감수하게 된다(더 많은 예를 찾고 싶으면 표 5-1을 참고하기 바란다).

표 5-1 우리가 사용하는 용어는 우리의 이해 수준을 보여 준다.

비전문가	인지과학자
뇌졸중	뇌혈관 장애(CVA)
브레인 프리즈	일과성 뇌허혈 발작(TIA)
이마 중간 부분의 뇌 영역	전방 대상회

문자 메시지를 보내는 경우에도 똑같은 어려움이 적용된다(표 5-2를 참고). 영어의 'SMH(Shaking My Head, 절레절레)'나 'ROTFL(Rolling On The Floor Laughing, 포복절도)'이라는 문자를 받고 무슨 뜻인지 궁금하게 생각한 적이 있는가? 혹은 당신이 이런 문자를 보냈는데 어떤 사람이 전혀 이해하지 못하는 반응을 보였을 수도 있다. 이처럼 문화, 나이, 지리학적 위치의 차이로 내가 생각하는 단어의 의미에 영향을 미치는 요소가 몇 개 있다. 혹은 내 머릿속 어휘사전에 존재하는 특정한 용어가 있다. 이를 '머릿속의 어휘 목록mental lexicon'이라고 한다.

표 5-2 젊은 세대는 신조어를 많이 만들어 사용한다.

문자를 보내는 성인의 언어	문자를 보내는 십 대의 언어
I'll be right back (나 곧 돌아올게)	BRB
That's really funny (정말 웃긴다)	ROTFL
For what it's worth (정말인지 몰라도)	FWIW
In my opinion (내 생각에는 말이야)	IMHO

의사소통 실패

기업이 소비자와 의사소통이 잘 되지 않는 이유는 소비자에게 혼란을 주는 지나치게 전문적인 용어를 남발하여 회사에 대한 소비자의 신뢰를 잃고 상호 관계가 종료되기 때문이다. 노트북에서 이해하기 어려운 에러 메시지를 본 적 있는가? 혹은 온라인 의료 신청 양식에서 '콜레스트롤 혈당에서 공복 시 나의 혈당 수치는 무엇인가?'와 같은 난해한 질문을 보고 불만을 느낀 적이 있는가?

의사소통이 안 되는 원인은 대체로 기업 중심적인 사고에 있다. 과도하게 전문적인 용어를 사용하거나 고객이 회사를 이해하기에는 너무 어려운 지나치게 야심 찬 브랜드화 전략 탓인 경우도 종종 있다. 고객과 소통하려면 나와 가까운 내부 동료가 아는 지식 수준과는 반대로 고객의 수준에서 고객이 내 업무를 어느 정도 이해하는지 아는 것이 매우 중요하다. 고객 중심적인 이해는 고객 관점에서 의미 있는 제품과 서비스를 디자인하는 데 도움이 될 것이다.

정보를 전달하는 말

무언가를 설명할 때 사람들이 사용하는 단어는 그 사람의 전문적 지식의 수준을 알려줄 수 있다. 예를 들어, 보험 설계사와 대화하다 보면 PLUP 유무를 질문받을 수 있다. 보통 사람들의 머릿속엔 PLUP이라는 단어가 없지만 보험 설계사에게 이런 용어는 완벽하게 일상적으로 사용하는 단어로, 법적 분쟁에 관한 취급 범위를 제공해주는 개인 우산 책임 정책Personal Liability Umbrella Policy의 줄임말이다.

시간이 지나면서 사람들은 보험 설계사처럼 자기 분야에 전문성을 갖추게 되면서 전문 용어에 익숙해진다(표 5-3을 참고). 사람들이 사용하는 언어는 전문성을 알려준다. 잠재적인 고객이나 전문가와 소통하려면 그들이 사용하는 용어를 이해해야 한다.

표 5-3 비전문가와 전문가가 서로를 이해하는가?

비전문가의 용어	보험 설계사의 용어
주택보험	연율화
자동차 보험	재보험 양도 레버리지
책임보험	개인 우산 책임 정책(PLUP)

디자이너라면 자신의 언어가 전문가 수준에서 과도하거나 모자라지 않고 사용자의 마음에 와닿는 단어를 사용하고 있는지 확인해야 한다. 예를 들어 정형외과 전문의 그룹과 대화할 때와 대학원 학생들과 대화하려고 할 때 사용하는 어휘를 분명히 다를 것이다. 아이들과 대화하면서 정형외과 전문의들이 사용하는 복잡한 전문 용어를 사용한다면 우리는 아이들의 신뢰를 잃게 된다.

국립 암 센터에서 유형별 암의 정의를 의료 전문가용과 환자용 두 가지 버전으로 제공하는 이유는 바로 이 때문이다. "우리 용어를 사용하시네요."라고 사람들이 말하는 것을 들어본 적 있을 것이다. 우리는 국립암센터와 마찬가지로 고객이 제품과 서비스를 만나게 될 때 전문가거나 초보거나 똑같이 편안한 수준으로 경험하기를 원할 것이다. 보편적으로 이해할 수 있는 편안한 수준의 언어는 신뢰하는 상호 관계를 형성한다.

만일 당신의 제품·서비스가 국제적으로 팔리게 된다면 번역이 정확한지, 그리고 지역에 따라 다르게 사용하는 용어에 일치하도록 번역이 되었는지 확인해야 한다. 예를 들면 캐나다에서는 미국의 소파sofa를 체스터필드chesterfield라고 한다. 지역마다 다르게 사용되는 언어가 다른 언어나 지역 방언으로 번역되었을 때 우리가 의도하는 대로 올바르게 쓰였는지 확인이 필요한 것이다.

몇 년 전 타이드Tide 세제 광고에서 "기름때 같은 차고 얼룩이나 작업실 얼룩, 잔디에서 묻은 얼룩이 깨끗해져요."라고 했던 광고를 기억한다. 정확하게 번역하는 것도 합리적이지만 이 광고가 인도와 파키스탄에 갔을 때는 의도가 너무 빗나갔다. 인도와 파키스탄 사람들은 대부분 차고나 작업장, 잔디가 없는 아파트에 살기 때문이다. 그들의 개념적 구조가 완전히 달랐던 것이다.

생각해 볼 거리

미국과 다르게 쓰는 캐나다 특유의 어휘 중에 내가 이해하는 것은 얼마나 될까?

chesterfield(소파), kerfuffle(소란), deke(페인트), pogle(색 보정), toonie(캐나다의 2달러짜리 동전), soaker(술고래), toboggan(썰매), keener(애도하는 사람), toque(털모자), eavestroughs(배수로)

듣고 있어!

4장에서 젊은 전문직과 어린 자녀가 있는 부모, 두 개의 그룹을 인터뷰한 사례를 우리 팀에서 어떻게 활용했는지 기억하는가? 고객 조사에 있어서 인터뷰와 인터뷰 기록의 중요성은 아무리 강조해도 지나치지 않는다. 우리는 "자동차를 구매할 때 예상되는 상황은 무엇인가요?"와 같은 질문을 통해 고객이 사용하는 용어를 알고자 했다. 우리는 곧 고객이 사용하는 언어와 자동차 영업사원이 사용하는 언어가 확연히 다르다는 것을 확인할 수 있었다.

인터뷰 때 고객이 사용하는 언어를 통해 우리는 그들이 일반적으로 사용하는 단어가 무엇인지, 그들의 전문성의 수준은 어느 정도인지, 결과적으로 고객의 기대가 어떤 단계에 있는지 알 수 있다. 이를 통해 경험 디자이너는 고객이 기대하는 경험에 더 가깝게 따르거나, 고객에게 프로세스가 예상과 다를 수 있음을 미리 경고할 수 있게 된다.

종합해 보면 우리의 핵심 노하우는 바로 이것이다. 고객의 이해 수준을 파악하면 고객에게 가장 적합한 정교함과 용어를 갖춘 제품·서비스를 만들 수 있다. 상호 간의 이해가 쌓여감에 따라 궁극적으로 고객은 당신의 브랜드를 완전히 신뢰하게 될 것이다.

Chapter 6.

의사 결정

지금까지 소개했던 과정은 대부분 주의 전환이나 말의 의미로 연상되는 단어같이 의식에 영향을 받을지라도 자동으로 발생하는 과정이었다. 그러나 6장에서는 의사 결정과 문제 해결에 관해 매우 의도적이고 의식적인 과정에 집중하고자 한다. 이러한 과정들은 당신이 대부분 의식하여 통제할 수 있는 과정이다. 스스로 본인의 사고와 의사 결정을 생각하고 있음을 의식하면서 6장을 읽기 바란다.

6장에서는 우리가 의사 결정자로서 어떻게 현재 우리의 상태와 목표하는 상태가 무엇인지를 정의하고, 이상적인 목표에 근접하고자 결정하는지를 집중적으로 다룰 것이다.

생각해 볼 거리

인간이 의사 결정을 할 때 얼마나 합리적이지 않은가에 관해서는 흥미로운 책과 기사가 제법 있다. 노벨상 수상자인 아모스 트버스키Amos Tversky와 대니얼 카너먼이 이를 증명한다. 7장에서는 감정을 연구하여 의사 결정에 영향을 주는 몇몇 방법을 살펴볼 예정이다. 그렇지만 지금은 일반적인 의사 결정 과정에 집중하도록 하자.

문제가 무엇인지 정의하기

문제 해결과 의사 결정을 위해서는 일련의 질문에 답을 해야 한다. 첫 번째 질문은 '내가 가진 문제는 무엇인가?'이다. 질문의 정확한 의미는 '내가 해결하고자 하는 문제가 무엇인가?'인데 질문에 대한 답을 위해서는 현재 자신의 상태와 가고자 하는 방향을 따져 보아야 한다.

방탈출 게임을 생각해 보자. 방탈출 게임은 그림 6-1처럼 방에서 최대한 빨리 탈출하기 위해 관련 수수께끼를 푸는 게임이다. 문을 열고 나오는 게 최종 목표라고 해도 열쇠 찾기처럼 먼저 달성해야 하는 하위 목표가 있다. 예를 들면, 열쇠가 들어 있을 것 같은 잠겨진 유리 찬장을 열기 위해 '찬장을 여는 법'과 같은 힌트를 먼저 찾아야 하는 것이다.

그림 6-1 방 탈출을 위한 힌트를 찾는 사람들

체스는 큰 목표를 향해 작은 목표를 완성해 가는 또 다른 예시이다. 최종 목표는 상대편 킹을 잡는 것이다. 게임이 진행되면서 최종적인 목표에 도달하기 위해 작은 목표를 설정해야 한다. 상대편의 킹은 퀸이나 비숍에게 보호받고 있기 때문에 상대편의 킹을 잡으려는 최종 목표를 위한 세부 목표는 비숍을 먼저 없애는 것이 될 수 있다. 이를 위해 나도 내 비숍을 사용하기 원할 수도 있다. 이렇게 하면 말을 놓아주는 방식으로 폰pawn(체스의 졸병 말)을 이동하는 세부 목표가 필요하기 때문이다. 상대방이 말을 움직이면 나로서는 새로운 세부 목표를 자극하게 될 수 있다. 퀸을 잡힐 위기에서 빠져나오거나 폰을 말판 위로 움직여서 상대편 말과 교환하는 방식이 예가 될 수 있다. 어떤 경우라도 세부 목표는 바람직한 최종 목표를 달성하는 데 필요하다.

다른 관점에서 문제 바라보기

5장에서 전문가와 비전문가 이야기를 하면서 그룹에 따라 사용하는 언어가 고유하다고 이야기한 바 있다. 의사 결정을 할 때도 전문가와 초보자는 문제를 매우 다르게 생각하는 (또는 다른 관점에서 바라보는) 경향이 있다.

예를 들어 집을 산다고 가정해 보자. 처음 집을 사는 사람은 '주인이 입찰을 받아들일 만한 금액을 제시하려면 돈이 얼마나 필요할까?'라는 아주 일차원적인 생각을 하는 반면, 전문가는 여기서 더 나아간 생각들을 한다. '주택 매입자에게 담보대출이 가능할까?' '신용 점수는 몇 점인가?' '신용에 별다른 문제는 없는가?' '계약금에 필요한 돈을 손에 쥐고 있는가?' '이 집이 주택 검사를 통과할 수 있을까?' '구매자가 매입하기 전에 수리해야 할 만한 부분이 있는가?' '집주인이 집을 팔 의향이 있는가?' '저당이나 분쟁의 소지가 없는 매물 건인가?' 등과 같은 다양한 생각들을 말이다.

처음 주택을 구매하는 사람에게 집을 사는 문제 자체는 주택 거래자에게 특정 가격에 집을 팔도록 설득하는 단 하나의 도전밖에 없지만, 전문가들은 집에 저당 잡힌 건은 없는지부터 주택 검사, 신용 점수 등 다른 여러 가지 문제도 생각하게 된다. 이러한 관점에서 볼 때, 두 그룹의 문제에 대한 정의와 그들이 내리는 결정, 그리고 그들이 취할 수 있는 조치는 매우 다르다.

집이나 자동차를 처음 사는 사람들은 많은 경우에 진짜 해결해야 하는 문제가 무엇인지 정의하지 않기 때문에 의사 결정에 필요한 여러 가지 복잡한 문제들을 알지 못한다. 문제에 관해 이들이 아는 정보는 현실과 비교했을 때 지나치게 단순할지도 모른다.

디자이너가 고객의 문제를 먼저 정의해야 하는 이유는 바로 이 때문이다. 우리는 먼저 고객을 만나 시간이 흐를수록 더욱 실제적이고 복잡해지는 문제들을 재정의하고 이를 해결하는 데 도움을 줄 수 있어야 한다. 이를 '문제 공간의 재정의'라고 한다.

> **생각해 볼 거리**
>
> 문제의 틀을 만들고 정의하는 일은 상황마다 다르지만 모두 정의 영역에 적용된다. 온라인 제품 판매 독려를 위해 저가와 고가 제품 사이에 팔고자 하는 제품을 배치할 수 있다. 그리고 나면 그림 6-2와 같이 제품 가격 책정을 성공적으로 마치게 될 것이다. 자체적으로 진열하는 대신 349달러로 판매하는 믹서기처럼 고객은 너무 저렴하지도 않고 그렇다고 499달러는 넘지 않는 중간 가격 설정 옵션으로 확정할 것이다. 고객은 의사 결정 기술에 영향을 미치는 가격 책정 방식을 알고 있어야 한다. 가격 형성 프레임의 힘을 인식하고 있어야 하는 것이다.

<tr><td>

브레빌 프레시 퓨리어스 블렌더 믹서기
소비자 가격: $229.95
구매 가격: $199.95

</td><td>

브레빌 큐 블렌더 믹서기
소비자 가격: $549.95
구매 가격: $349.95

</td><td>

브레빌 슈퍼 큐 블렌더 믹서기
소비자 가격: $799.95
구매 가격: $499.95

</td></tr>

그림 6-2 윌리엄 소노마 믹서기

훼손된 체스판 문제

문제 공간을 재정의하는 유용한 사례는 흔히 이야기하는 '훼손된 체스판 문제mutilated checkerboard problem'로 인지심리학자인 크레이그 캐플런Craig Kaplan과 허버트 사이먼Herbert Simon이 정의했다. 기본 전제는 다음과 같다. 당신에게 체스판이 있다고 가정해 보자. 미국에서는 빨간색과 검은색 사각형 무늬의 체스판을 생각할 것이다. 영국에서는 하얀색과 까만색 사각형으로 구성된 체스판을 떠올릴 것이다. 이번 예시에서는 어느 것으로 해도 된다. 일반적인 체스판에서 양 귀퉁이 검은 사각형 두 조각을 제외하면 네모 칸이 64개가 아니라 62개라는 점을 빼고는 다를 게 없다. 도미노 판에서도 양 귀퉁이 사각형은 모두 포함된다(그림 6-3을 참고).

문제: 체스판에 31개의 도미노를 빨간색과 검은색 사각형에 겹치도록 세운다. 이때 대각선에 두는 것은 안 된다.

문제 공간 주변으로 이동: 누군가에게 이 문제를 풀어보게 할 때 문제를 해

그림 6-3 훼손된 체스판

결하려면 반드시 체스판에 도미노를 두고 시작해야 한다. 그 과정이 거의 끝날 무렵이 되면 이 과정을 반복하다가 반드시 막히는 부분이 생긴다. 혹시 도미노를 무너뜨리지 않고 문제를 잘 해결할 수 있으면 내게 그 해결 방법을 꼭 알려 주기 바란다.

문제 정의의 오류: 앞에서 제시한 문제는 해결할 수 없는 문제이다. 도미노를 모두 빨간색 사각형과 검은색 사각형에 계속해서 두어야 한다면 체스판의 빨간색 사각형과 검은색 사각형에 똑같은 숫자가 안 남게 되는 상황이 발생한다. 검은색 사각형 두 개를 이미 없앴고 빨간 사각형은 더 남은 게 없으므로 문제를 해결할 수 없다. 초보자가 문제를 정의하고 해결하려고 하다 보면 도미노를 모두 배열하고 나서야 이 문제가 풀 수 없는 문제라는 것을 알게 된다. 초보자들은 도미노를 배열하면서 최종 목표에 거의 다 왔다

고 생각할 것이다. 사각형은 62개이며 도미노는 31개가 있으므로 2칸씩 도미노를 놓는 데 문제가 없다고 추측하기 쉽다. 하지만 전문가들은 빨간색과 검은색 사각형의 개수가 똑같아야 한다는 사실을 금방 알아채 체스판에 도미노를 놓으려는 시도조차 하지 않을 것이다.

문제 해결 방법 찾기

시작 상태에서부터 목표 상태까지의 문제 공간 탐색에 관해 설명했다. 각각의 요소를 자세히 살펴보도록 하자.

첫째, 제품·서비스 디자이너로서 고객에게 문제 공간이 어떻게 보이는지에 대해 어떠한 가정도 하지 않는 것이 정말 중요하다. 문제 공간 전문가로서 우리는 택할 수 있는 공간을 탐색하는 방법에 대해 잘 알고 있다. 때로는 어떤 결정을 해서 무슨 행동을 해야 하는지 매우 명확해 보인다. 같은 문제라도 비전문가인 고객에게는 매우 다르게 보일 수 있다.

체스 같은 게임에서는 모든 플레이어가 체스 말을 어떻게 움직일 수 있는지 명확하게 알고 있다. 그렇게 움직였을 때 생기는 결과는 모두 알 수 없다고 해도 말이다. 반면 건강관리 시스템과 같은 다른 분야에서는 진행 과정이 모두 그렇게 명확한 것은 아니다. 진행 과정을 설계하는 우리로서는 고객이 어떻게 하면 성공할 것으로 생각하는지 반드시 이해해야 한다. 시작하는 상태에서 목표 상태에 도달하기 위해 사용자들이 어떤 방법을 선택할 것으로 생각하는가? 사용자들이 중요한 의사 결정이라고 생각하는 것은 무엇인가? 사용자들이 마음으로 생각하고 있는 방법은 전문가들의 생각과 매우 다를 수 있다. 가능하다고 생각하는 선택마저도 다를 수 있다. 그러나 고객의 관점을 일단 이해할 수 있으면 전문가는 초보적인 사용자의 마음속에 있는 모형을 단계적으로 형성할 수 있다. 이는 더 나은 결정을 하고 그에 따라 발생하는 결과를 이해하는 데 도움이 되며, 보다 정교한 제품과 서비스를 개발할 수 있게 한다.

세부 목표 도전 중에 중간에서 막혔을 때

타깃 고객을 위한 문제 정의에 관해 이야기해 보았다. 고객이 중간 과정에서 막힐 때는 어떻게 해야 할까? 방해물을 어떻게 극복할 수 있을까? 최종 목표를 바라보는 고객들이 미처 보지 못하는 부분이 있다. 그렇기에 제품·서비스 디자이너는 사용자가 반드시 세워야 하는 세부적인 목표를 인식할 수 있도록 도와야 하며 세부 목표 달성을 위한 과정과 선택, 가능성을 사용자에게 알려 주어야 한다.

예를 들면 방탈출 게임에서 다루었던 것과 같이 세부 목표 설정을 통해 장애물을 극복하는 방법이 있다. 문을 열기 위해 특정한 열쇠가 필요함을 인식한다. 열쇠는 자물쇠로 잠긴 유리 찬장 안에 있음을 이해할 수 있다. 이때 새로운 세부 목표는 문을 열 수 있는 열쇠를 얻기 위해 찬장의 자물쇠를 여는 것이다.

우리도 고객이 답해야 하는 질문의 관점으로 세부 목표를 생각해 볼 수 있다. 차를 리스하려면 고객은 최종 질문으로 본인이 차를 리스할 수 있나를 확인하기 전에 '내 신용 점수는 몇 점이지?' '내가 할부금을 매달 잘 낼 수 있을까?' '자동차 보험에 가입할 수 있을까?' 등 구체적인 많은 질문에 답을 할 수 있어야 한다. 제품·서비스 디자인을 할 때 우리는 고객이 우리로부터 얻으려고 하는 것이 무엇인지 미리 준비할 수 있도록 잠재적인 세부 목표와 구체적인 질문을 모두 해결해야 한다. 합리적인 발전 과정에서 이와 같은 구체적인 질문을 다루는 것은 매우 중요하다.

결국 제품·서비스 디자이너는 다음을 이해해야 한다.

- 문제 해결과 의사 결정에 필요한 실제적인 단계
- 고객이 생각하는 문제를 실제로 해결할 방법
- 고객이 방해물을 우회하기 위해 만들 수 있는 하위 목표
- 타깃 고객이 초보자에서 해당 분야 전문가로의 사고 전환을 통해 보다 성공할 수 있도록 지원하는 방법

논리적이고 타당한 수준으로 의사 결정과 문제 해결을 다루었으므로 7장에서는 감정과 의사 결정이 원초적으로 얼마나 밀접한 관련이 있는지 알아보도록 하자.

Chapter 7.

감정

우리는 흔히 사람들이 논리적이며 매번 합리적인 의사 결정을 하는 것처럼 생각한다. 그러나 사람들의 대부분은 논리에서 체계적으로 벗어나, 오직 경험에서 오는 지혜를 사용할 때가 많다. 막막하다고 생각될 때 기준이 되는 경험적 지혜를 사용하면 편리하다. 생각하기 쉬운 선택을 하면 신중하게 결정하는 것보다 합리적일 수 있다.

디자이너로서 인간의 모든 감정이 제품·서비스 디자인에 매우 중요하다는 점을 기억하기 바란다(그림 7-1을 참고). 고객이 제품과 서비스를 경험할 때 형성되는 감정과 정서적인 요소를 고려할 수 있어야 한다. 깊게 파고들어가면 고객의 잠재적 목표와 욕망이란 제품과 서비스를 통해 사용자가 성취할 수 있도록 디자이너가 도움을 주고자 하는 요소이며, 고객의 최대 걱정은 의사 결정에 중요한 역할을 하기 때문에 디자이너는 늘 이 점을 고려해야 한다.

그림 7-1 감정의 초상화

정보가 너무 많으면 뇌에 과부하가 온다!

앞서 대니얼 카너먼의 저서 『생각에 관한 생각』에서 생각하는 데 있어서의 정신적인 노력에 대한 그의 연구를 참조한 바 있다. 카너먼은 조용한 방에서 늘 혼자 논리적으로 결정한다. 하지만 만약 혼잡한 시간에 지하철역 한복판에서 당신의 아이가 팔을 잡고 늘어져 있고, 다른 한쪽에서는 누가 소리를 지르고 있다면 현명한 결정을 내리기가 어려울 것이다. 내 관심과 작업 기억working memory이 다른 곳에 팔려 있기 때문이다. 여기서 작업 기억은 정보를 단기적으로 기억하면서, 각종 인지적 과정을 능동적으로 이해하고 조작하는 과정을 일컫는다.

허버트 사이먼은 '만족하기satisficing'라는 개념을 고안해 냈다. 이용할 수 있는 대안을 선택하되 반드시 이상적인 결정이나 선택은 아니더라도 그 상황에서 의사 결정에 제한적으로 사용 가능한 인지 자원 중에서 만족감을 찾는 것이다. 과도한 자극이나 감정 탓에 정신적으로 소모되면 순간적이고 직감적인 연상 작용이나 판단 같은 본능저 반응에 의존하는 경우가 꽤 많이 있다.

충분히 일리가 있는 주장이다. 정신적으로 많은 소모가 이루어지면 의사 결정에 극단적인 영향을 미칠 수 있다. 예를 들어 보자. 17에서 9를 뺀 나머지가 무엇이냐고 물으면 즉석에서 바로 정답을 말할 수 있다. 하지만 알파벳 철자의 랜덤한 배열인 A-K-G-M-T-L-S-H를 순서대로 기억해 보라고 하면서, 동시에 17에서 9를 뺀 나머지 값이 무엇이냐고 물으면 수학을 싫어하는 사람들은 정확하게 대답하지 못할 확률이 높다. 숫자를 다루는 데 있어서 감정적이고, 극도로 예민한 사람들은 이러한 걱정이 작업 기억 용량을 잡아 먹고, 합리적 결정을 하는 능력을 손상시켜 '만족하기'와 같은 전략마저 잘 수행하지 못하도록 만든다.

고객들이 최선의 결정을 하지 못하게 하는 어둠의 기술을 통달한 기업들도 있다. 카지노에서 조명과 음악, 음료로 사람들을 정신 없게 만들고, 시계와 같이 시간을 알리는 단서를 안 보이게 배치함으로써 도박을 계속하게 만드는 것도 이러한 기술에 의한 것이다. 자동차 대리점에서 "매니저에게 확인해서 제가 제공드릴 수 있는 것들이 뭐가 있는지 알아보고 올게요."라고 말하며 잠깐 기다리게 하고는 빨리 자동차 구매를 결정하도록 부추기는 것도 바로 이 때문이다. 자동차 영업사원 중에 집에 가서서 신중하게 잘 생각해 보시고 결정하라고 권하는 경우가 있던가? 심리적인 만족은 의사 결정에 영향을 주지 않는다.

우리는 스팍이 아니다

심리학자나 행동과학자같이 의사 결정에 관한 연구가 직업인 사람들은 의사 결정 하는 데 있어서 작용하는 심리적 요소들을 잘 알기 때문에 언제나 논리적이고 합리적인 결정을 한다고 생각할 수 있다. 냉철하고 완벽한 판단력을 보유한 스타트렉의 등장인물 스팍Spock처럼 말이다. 그러나 아쉽게도 뇌과학과 인지심리학에 도가 튼 전문가들조차 다른 사람들과 마찬가지로 결정을 내릴 때 감정과 기분에 맞서 싸우는 합리적 체계가 존재한다. 대뇌 피질 너머에는 원시적인 중추가 많이 있는데 이 부위는 이성과 맞서 싸우며 감정적으로 반응하고 싶은 욕망을 일으키고 논리를 무시하도록 조장한다.

의사 결정을 단순한 용어로 생각하여 지각, 의미, 문제 해결과 같이 지금까지 알고 있던 마음의 개념에 초점을 맞추었다. 그러나 여기에 매우 중요한 요소인 '감정'은 배제되었다. 1996년 조셉 르두Joseph LeDoux의 저서인 『느끼는 뇌The Emotional Brain』에서 전통적인 인지심리가 사물을 매우 비합리적으로 단순하게 보고 있다고 주장한다. 논리에서 벗어날 수 있는 방법은 너무나도 많고, 우리의 뇌가 의사 결정에 영향을 미치는 경우 역시 마찬가지다. 댄 애리얼리Dan Ariely는 자신의 저서 『상식 밖의 경제학Predictably Irrational』에서 이와 관련한 예시들을 소개한다.

감정은 수많은 방법으로 우리에게 영향을 미치는데, 예를 들어 인간은 손실을 싫어하기보다 이익을 더 좋아한다는 사실은 이미 연구에서 잘 보여진 바 있다. "사람들은 이익의 영역에서는 위험을 매우 싫어하고 손실의 영역에서는 위험을 추구한다."라고 애리얼리는 말한다. 승리의 기쁨보다 패배의 아픔이 더 크기 때문에 경제적인 다른 결정에서는 합리적으로 행동하지 않는다. 이 점을 직관적으로 이해하려면 복권을 한번 생각해 보자. 사람들은 보통 2달러 당첨을 기대하고 1달러 복권을 사지 않는다. 복권 하나를 사면서 1만 달러, 10만 달러 당첨 가능성을 기대한다. 지극히 감정적인 반응이지만, 1등이 되면 어떻게 할까를 상상해 보게 된다. 꽝이 나와서 1달러를 잃어도 상실감을 느끼지는 않는 것도 마찬가지다.

애리얼리는 비합리성도 예측할 수 있다고 말하며, 논리적인 올바름에서 벗어나는 방법도 체계적이라고 주장한다. "우리는 늘 과도하게 지출하고 과소평가하며 항상 나중으로 미룬다. 그런데 이런 잘못된 행동도 그냥 되는대로 하거나 근거가 없는 건 아니다. 우리가 비합리적으로 행동하는 결정도 체계적이며 예측이 가능하다."

의식적으로 관심을 얻기 위한 경쟁

혼잡한 지하철역 예시처럼 우리의 뇌는 종종 상황에 압도된다. 감정 때문에 어찌할 바를 모르게 되기도 한다.

논리에서 벗어난 체계적인 일탈에 관한 케이스 연구가 많지만, 아쉽게도 내가 이 책에서 다룰 시간은 없다. 내가 말하고자 하는 바는 이것이다. 시간적인 부담 없이 조용한 공간에서 스트레스 받지 않고 집중할 수 있는 최적의 상태라면 논리적인 결정이 가능하다. 그러나 현실에서는 논리적으로 결정하기에 충분히 집중할 능력이 부족할 때가 많다. 대안으로 우리는 편리한 결정을 통해 만족할 수 있다. 신중하게 생각하는 것의 대안으로 우리가 사용하는 도구의 예시는 다음과 같다. "만약 내가 이것의 전형적 예시를 생각한다면, 마음의 눈이 내가 처한 상황에서 가장 이상적인 선택을 발견할 수 있을까?"

다시 한번 대리점에서 자동차 매매 가격을 흥정하고 있다고 상상해 보

자. 당신의 두 아이는 가만히 앉아 있지 못하고 이곳 저곳 뛰어다닌다. 의자에서 떨어지거나 어디 부딪히지는 않을까 걱정이 늘어간다. 그 와중에 배는 고프고 몹시 피곤하다. 매니저에게 확인이 필요하다던 영업사원은 마침내 할인율, 할부 요율, 옵션, 손해 보상, 서비스, 보험 등 수많은 약관 내용이 적힌 제안서를 들고 돌아왔다. 영업사원의 설명을 듣던 중 아이 한 명이 넘어져서 울면서 당신에게 달려온다. 아이를 달래며 영업사원의 말을 들으려고 하지만 어떤 조건으로 약정을 진행해야 좋을지 결정하는 코앞의 문제에 집중하는 일이 맘처럼 쉽지 않다. 대신 당신은 이곳에서 멀리 떨어진 한적한 도로에서 자동차 선루프를 열고 기분 좋게 운전하는 자신의 모습을 상상한다. 당신의 감정적인 측면이 장악당한 것이다.

제품·서비스 디자이너로서 우리는 고객의 심리가 추구하는 합리적이고 의식적인 의사 결정 데이터와 결정 이면의 감정적인 요인이 무엇인지 이해할 수 있어야 한다. 고객의 감정적인 의사 결정을 이끌어 내려고 하거나 애매한 부분을 찾으려 애쓰기 보다는, 타깃 고객층이 최선의 의사 결정을 할 수 있도록 필요한 정보를 충분히 제공하기 바란다. 이성적, 감정적 반응 모두 의사 결정에 있어서 매우 중요한 역할을 한다. 결정이 필요할 때 감정적으로 치우치지 않도록 신중히 생각할 시간을 가지라고 권하는 이유도 바로 이 때문이다.

이 모든 감정의 홍수는 잠재의식의 감정적 특성에서 비롯된 것이다. 지하철에서 집중력이 압도되면 감정에 짓눌려 좋은 결정을 할 수 있는 기억 용량이 줄어든다. 자동차 대리점 영업사원이 당신을 차 옆자리에 앉혀 두고 구매를 부추기는 것도 같은 원리이다. 우리는 모두 의식적인 자원을 위해 경쟁하는 감정이 있다. 감정의 경쟁이 과열되면 나중에 후회하는 선택을 하게 된다.

마음속 불안과 목표에 다가가기

경제 산업에 종사하는 고객을 위한 시장 조사 연구에서 우리는 고객이 가장 좋아하는 신용카드에 관한 단순한 질문으로 인터뷰를 시작했다. 그 후에 보다 심도 있는 질문들을 이어갔는데, 질문의 내용은 다음과 같다. '앞으로 3년 동안의 목표는 무엇인가요?' '미래에 관해 가장 걱정되거나 기대되는 점은 무엇입니까?' 상담 과정은 눈물과 포옹으로 끝날 때가 많았다. 심지어 인터뷰 응답자는 오랜만에 경험한 최고의 상담이었다고 말해 주었다. 여덟 가지 질문들이 이어지면서, 인터뷰 응답자들은 지갑에 어떤 카드를 가지고 다니는지 말하는 것에서 나아가 그들의 내면 깊숙한 곳에 가지고 있는 소망과 두려움을 공유하기 시작했다. 그들의 이야기를 들으며 우리는 아래와 같이 정리할 수 있었다.

- 고객이 지금 당장 끌리는 것은 무엇인가.
- 고객의 삶의 질을 개선하며, 그들에게 더 오래가고 의미 있는 가치를 제공하는 것은 무엇인가.
- 고객의 삶에서 가장 깊은 목표와 소망은 무엇인가.

첫 번째와 두 번째 요점은 세 번째 요점을 이해하기 위해 필수적이다. 세 번째 요점을 이해하게 되면, 제품·서비스에 대한 자신만의 셀링 포인트를 보다 수월하게 설정할 수 있다. 자신의 제품이 어떤 것인지에 관한 깊이 있고 함축적인 의미는 타깃 고객을 위한 문제를 해결하려고 노력하는 것이다. 제품 광고에서 실제 제품을 최대한 화면에 잡지 않는 이유는 바로 이 때문이다. 그들은 대신 성공적인 여성 사업가, 가정적인 남성, "나 아직 쓸만해!"라고 말하는 퇴직자 등 고객이 반영하려고 애쓰는 감정이나 이미지에 집중한다.

우리는 타깃 고객이 매력적으로 느끼는 영향을 확인하여 장기적으로 타깃층에 도움을 줌으로써, 최종적으로 그들의 가장 본질적인 인생 목표를 일깨우며 표면적인 수준에서 직관적인 수준으로 소비자들을 이해할 수 있게 된다. 의사 결정 과정에서 결코 이 점을 소홀히 해서는 안 된다. 이제 2부로 넘어가 이 부분을 어떻게 수행하면 좋을지 자세히 살펴보도록 하자.

Design for How People Think

Part 2

맥락적 인터뷰로
고객 마음 읽기

✸

지금까지 잘 따라왔다면 내가 강조하고자 하는 여섯 유형의 정신적 과정에 관해 상당히 알게 되었을 것이다. 복습으로 타깃 사용자와 관련해서 기억해야 하는 것들을 살펴보자.

시선/주의

고객의 관심을 끄는 것은 무엇인가? 고객이 찾고 있는 단어, 이미지, 대상은 무엇인가?

경로 탐색

물리적인 세상, 핸드폰 앱, 가상 공간 어디에 있던 고객 스스로 어떻게 자신을 표현하는가? 이런 공간에서 고객이 상호작용하거나 탐험하는 방법을 어떻게 생각하는가?

기억

고객이 과거 경험을 토대로 사용하면서 경험한 대로 이해하는 과거의 경험은 무엇인가? 어떻게 일이 돌아가야 하며 어떤 일이 앞으로 생길 거라고 고객이 기대하는 멘탈 모델이나 고정관념은 무엇인가?

언어

고객이 사용하는 언어는 무엇인가? 이러한 언어는 고객의 전문성의 수준을 어떻게 설명하는가?

의사 결정

고객이 해결해야 한다고 생각하는 문제는 무엇인가? 고객의 생각은 실제적인 문제와 어떻게 다른가? 고객은 문제를 어떻게 해결할 수 있다고 생각하는가? 그런 과정에서 해결해야 하는 하위 범주의 구체적인 문제는 무엇이며 고객은 어떤 결정을 해야만 하는가?

감정

고객의 근본적인 목표와 욕구, 두려움은 무엇인가? 이와 같은 요소는 의사 결정에 어떤 영향을 미치는가? 고객이 성취하고자 기대하는 바는 무엇인가? 이러한 요소는 고객에게 어필하는 매력에 어떤 영향을 미칠 수 있는가?

'디자이너로서 심리학 전공을 한 것도 아닌데 이런 인지 과정을 과연 이해할 수 있습니까?'라고 반문할 수 있겠다. 이 모든 것을 배울 시간과 예산이 있을까? 내 제품과 서비스 설계를 위해 정말 인지심리를 다 알아야 할 필요가 있을까?

이러한 질문에 대해 나는 모두 긍정적으로 생각한다. 인지심리학자는 맥락적 인터뷰라는 고객의 행동 관찰과 인터뷰를 통해 개인의 인지 과정을 이해할 수 있다.

게다가 멋진 도구나 많은 예산, 오랜 기간이 걸리는 연구를 안 해도 질적 연구와 고객 관찰을 통해 필요한 정보를 모두 얻을 수 있다. 내가 기업이나 정부 기관 동료들에게 몇 년이나 수개월이 아닌, 몇 주만의 시간만 주어지면 된다고 이야기하는 이유이기도 하다.

연구 프로젝트가 예산을 초과하고 예정보다 시간이 더 많이 걸리게 되는 가장 큰 이유는 제품의 마지막 단계나 출시 즉시 변화가 생겼거나 제품을 완성하고 나서 주요 기능을 바꿀 필요가 생겼기 때문이다. 고객과 친밀하게 이해하고 나면 내 제품이 핵심을 놓칠 확률과 비용이 많이 드는 재설계 위험을 대폭 낮출 수 있다.

이 책의 2부에서는 내가 속한 팀이 고객 관찰과 인터뷰를 통해 제품과 서비스 디자인에 필요한 핵심 정보를 파악하는 방법을 다룰 것이다. 물론 직감적으로 이 모든 것들을 잘 해내고 있는 훌륭한 디자이너들도 만나본 적 있다. 그러나 이들은 이러한 능력을 갈고닦는 데 수년이 걸렸다. 시행착오를 거치지 않고, 빠른 시간 안에 그저 잘하는 수준에서 탁월하게 잘하는 수준이 될 수 있다면 당연히 시도해야 하지 않겠는가? 어서 시작해 보자!

Chapter 8.

맥락적 인터뷰

시장 조사는 수년 동안 여러 형태로 진행되어 왔다. 대규모 설문 조사를 떠올리는 사람도 있을 것이고, 디자인 씽킹을 활용한 공감 연구를 생각한 사람도 있을 것이다.

8~12명으로 구성된 그룹과 깊이 있는 상호작용적 인터뷰를 수행하는 평가 기법인 포커스 그룹이나 설문 조사, 공감 인터뷰는 고객의 언어와 행동을 이해하는 훌륭한 도구가 될 수 있다. 그러나 이러한 도구들은 고객 행동의 이면을 이해하지 못한다. 그들은 또한 제품·서비스 디자인 결정에 의미 있는 영향을 끼치는 심화 분석을 해내지 못한다.

이번 장에서는 일을 하거나 활동하는 사람들을 관찰하고 인터뷰하는 시장 조사에 관한 또 다른 견해를 제시하고자 한다. 질적 연구를 해 본 적이 있다면, 당신은 이미 꽤 흥미로운 데이터를 가지고 있을 것이다. 만약 이러한 데이터를 가지고 있지 않다면, 그것을 수집하는 일은 순전히 당신에게 달려 있다. 내가 제안하는 조사 방법인 '맥락적 인터뷰'는 누구나 연구 수행이 가능하도록 고안되었다. 심리학 박사 학위나 연구소에서의 실습도 필요하지 않다.

왜 맥락적 인터뷰인가?

맥락적 인터뷰의 본질은 '어깨너머로 바라보면서 질문하기'로 정의될 수 있다. 사무실 책상이나 가판대와 같이 고객이 일하거나 쉬는 바로 그 장소에서 그들을 집중적으로 관찰하는 것이다.

디지털 제품이 시장에서 더 이상 통하지 않고 계획보다 비용이 증가하는 가장 큰 이유는 고객의 필요와 제품의 목적 사이의 부조화mismatch라고 볼 수 있다. 그러나 유감스럽게도 단순한 질문만으로는 고객에게 필요한 게 무엇인지 알아낼 수 없다. 이유는 다음과 같다.

첫째, 소비자는 평소에 하던 일을 계속하려고 할 뿐이지 더 잘하고 싶어 하지 않는 경우가 많다. 제품·서비스 디자이너로서 우리는 일상에서 벗어나 현상 유지를 넘어서 완전히 다르게 효율적으로 크게 도약할 가능성을 상상한다. 그러나 앞으로의 가능성을 상상하는 것은 우리의 몫이지 고객이 해야 할 일은 아니다.

둘째, 사람들이 무의식적인 행동에는 미묘하지만 많은 차이가 있다. 우리는 어느 순간 일하거나 노는 사람들을 볼 때 그들이 하나의 경험에서 문제의 일면만 보거나 이해하지 못하는 부분을 인식하는데, 소비자는 이를 인지하지 못하고 보고한다. 소비자가 인지하지 못하는 행동을 우리에게 보고할 확률이 과연 얼마나 될까?

예를 들어, 나는 밀레니얼 세대가 그들의 친구들과 소통하기 위해 앱을 이것저것 써보면서 갈아타는 행동을 관찰했다. 이들은 앱을 이것저것 쓴다고 보고하는 일이 아예 없었는데 스스로 이런 행동을 의식하지 않고 있는 것 같아 보였다. 그 순간을 우리가 적극적으로 관찰하지 않았으면 이런 행동을 이해할 턱이 없었을 것이다. 밀레니얼 세대의 이러한 행동은 우리 팀이 디자인하는 제품에서 매우 중요한 특성이라는 것을 나중에 알게 되었다.

우리는 또한 제품·서비스를 진정으로 필요로 하는 슈퍼유저superuser가 시스템을 작동시키기 위해 얼마간의 시간이 걸리는지도 확인해야 한다. 사람들은 '지금 이 순간'으로 보는 이 개념은 나중에 더 자세히 이야기하겠지만, 아이디어를 빠르게 프로토타입으로 제조한 뒤 시장 반응을 조사하는 린 스타트업Lean Startup 개념에서 파생된 GOOB(Getting Out Of the Building, 사무실 밖으로 나가기) 개념으로 고객의 삶의 맥락을 진정성 있게 살피는 일을 중요하게 여기는 것과 관련된다.

셋째, 고객이 그 순간에 속해있는 게 아니라면 성공적인 제품·서비스 경험을 만드는 데 모든 중요한 세부 사항을 잊어버리는 경우가 많다. 기억은 매우 상황 중심적이다. 예를 들어, 어린 시절에 다니던 초등학교와 같이 오랫동안 갈 일이 없는 장소를 방문하면 상황이 기억을 자극하기 때문에 전혀 기억나지 않았을 법한 유년 시절의 기억도 분명하게 생각날 것이다. 고객의 기억도 마찬가지다.

심리학이나 인류학에서 사람들이 어떻게 일 하는지 관찰하는 것은 더이상 새로운 접근이 아니며, 이미 많은 기업들이 이러한 접근 방식을 따르고 있다. 사람들의 생활방식을 연구하려고 기업에서 인류학자를 연구직으로 채용하는 일은 더욱 흔해지고 있다.

인간 행동 연구 그룹인 스튜디오 D의 설립자인 얀 체입스Jan Chipchase는 노키아 연구를 통해 인류학적 측면에 두각을 나타냈다. 칩체이스 용어로 '동의를 얻은 스토킹'이라고 하는 실제 연구를 통해 그는 우간다인들이 휴대폰을 공유하기 위해 만든 독보적인 뱅킹 시스템을 발견했다.

저라면 이처럼 지역 환경에서 우아하고 완전히 잘 어울리는 것을 만들 수 없었을 거예요. …… 우리가 영리하면 이러한 혁신 과정을 관찰해서 무엇을 어떻게 디자인할지 그들에게 알려 주고 영감을 불어 넣어 줄 방법을 찾고 있을 거예요.

얀 칩체이스, 2007년 3월 테드 토크쇼에서 〈스마트폰의 인류학〉 강연 중

칩체이스의 접근 방식은 전통적인 인류학을 제품 설계와 기업의 관점에서 사고하기 위한 수단으로 이용하고 있다. 이제 이러한 방식을 어떻게 적용하면 좋을지 설명하도록 하겠다.

공감 연구: 사용자가 정말 필요한 게 무엇인지 이해하기

칩체이스의 연구는 고객을 뒤에서 관찰하여 직접 그들의 입장이 되어 봄으로써 그들이 실제로 무엇을 필요로 하는지 파악할 수 있도록 한다.

미리 추측하지 않고 타인의 현실을 있는 그대로 인정하기

고객이 필요한 게 무엇인지 자신의 관점 혹은 동료의 관점에서의 추측을 떨쳐 버리고 오직 고객 중심적인 사고로 생각할 수 있어야 한다. 인간중심 디자인 툴킷Human-Centered Design Toolkit을 고안한 아이디오IDEO는 디자인 씽킹의 첫 번째 단계로 공감 연구, 즉 '고객의 문제와 현실을 깊이 이해하는 것'을 제안한다.

그동안 나는 신약 개발자들, 수십억 달러 기금을 관리하는 회사, 유기농 염소를 키우는 농부, 유튜브 스타, 고층 빌딩을 짓기 위해 수백만 달러 가치의 숏크리트를 구매하는 사람 등 다양한 그룹의 사람들과 함께하며 연구에 집중해 왔다. 이러한 사람들과 사고의 흐름을 같이 함에 따라, 우리는 기회하고 더 잘 파악하고 제품·서비스 디자인을 최적화할 수 있게 되었다.

만일 당신이 고객의 니즈를 이미 잘 알기 때문에 공감 연구가 불필요하다고 생각한다면, 결코 그렇지 않다는 사실을 알아야 한다. 당신은 고객이 아니다. 연구를 진행할 때 이러한 맥락은 당신을 더욱 어렵게 만들 수 있다. 왜냐하면 당신은 오늘날의 고객의 요구에 귀 기울이기 위해 당신이 가진 선입견을 버려야 하기 때문이다.

스마트폰이 등장하기 전인 과거에 자기 제품의 타깃 소비자였던 고객이 있었다. 수십 년 전 건설 현장에서 콘크리트를 구매한다고 상상해 보자. 운 좋으면 폴더폰을 사용하던 무렵일 것이다. 그러나 현재의 상황은 그때와 많이 다르다. 수십 년 전 콘크리트를 사던 방식과 현재의 구매 방식은 완전히 달라졌다. 축적된 예측과 선입견은 저 멀리 던져 버리고, 고객이 처한 현실을 있는 그대로 받아들여 오늘날의 도전 과제를 해결할 수 있어야 한다.

여기 또 하나의 예시가 있다. 이삿짐 트럭의 허가서를 받기 위해 기관에 방문했던 내 개인적 경험에 관한 것이다. 담당자는 나에게 허가증을 주기 위해 사무실 구석까지 걸어가서 양식을 챙겼다. 그러고는 또 다시 반대편 구석까지 걸어가서 도장을 찍어야 했다. 마지막으로 복사기까지 걸어가서 복사를 마친 후에야 나에게 허가서를 가져다 줄 수 있었다. 그러는 동안 내 뒤의 대기줄은 부쩍 늘어 있었다. 이토록 비효율적인 과정을 보면서 나는 어째서 그들이 문서와 도장, 복사기를 함께 진열해 두지 않았을까 하는 의문이 생겼다. 기관의 담당자도 이러한 비효율을 인지하고 있었는지는 잘 모르겠다.

이와 유사한 경우를 우리의 일상에서 의외로 자주 찾아볼 수 있다. 당신이 관찰한 번거롭고 비효율적인 시스템은 무엇이 있는지 잠시 생각해보자. 지하철 발권 시스템? 건강관리공단 웹 사이트? 앱? 이러한 시스템들을 보다 편리하게 만들려면 어떻게 해야 할까? 고객을 관찰하는 것에 해답이 있다는 사실을 기억하자. 일단 관찰을 시작하기만 한다면, 장담하는데 정말 많은 인사이트를 얻을 수 있을 것이다.

모든 인터뷰에는 맥락이 존재한다

기억에는 각각의 서로 다른 맥락이 존재하고, 고객이 무의식적으로 수행하는 작업은 너무나도 다양하기 때문에 고객의 세계를 탐구함으로써 많은 것을 배울 수 있다. 이는 펜실베니아 중부의 농부들과 만나거나, 월스트리트의 대형 은행 스크린 앞에 앉아 이야기 나누는 것, 바다 근처에서 제트족들과 함께 여행을 즐기는 것을 포함한다. 혹은 창문 없는 사무실에서 세무조사 하는 사람을 관찰하거나 유기농 아보카도 토스트 가게에서 일하는 밀레니얼 세대와 수다 떠는 것일 수도 있다. 여기서의 핵심은 이들의 행동은 평상시와 다를 바 없는 모습이어야 한다는 점이다.

　맥락적 인터뷰를 통해 디자이너는 직장인 책상 위의 포스트잇을 관찰하거나 그들이 사용 중인 서류 파일은 무엇인지, 먼지 쌓이도록 처박혀 있는 서류는 무엇인지, 업무의 흐름이 끊기는 빈도는 얼마나 되는지, 그리고 일이 실제로 어떻게 진행되는지 등을 파악할 수 있게 된다. 제품과 서비스는 고객에게 유용하고 만족감을 줄 수 있어야 한다. 그렇기 때문에 디자이너는 그들의 제품·서비스가 사용자의 일상생활 속에서 어떻게 작동하는지 관찰해야 하는 것이다. 몰입도가 높고 실제 일과 가까운 경험일수록 좋다 (그림 8-1).

그림 8-1 중소기업 대표의 사업 관리 방식 관찰하기

　　맥락적 인터뷰에서 나는 연구 대상자들을 관찰하면서, 그들에게 다음과 같은 질문을 던지기도 한다.

- 귀하의 직무를 잘 해내기 위해 제가 알아야 할 사항은 무엇입니까 (예: 귀하가 아플 때 제가 대신하는 경우)?
- 어디서부터 시작해야 할까요?
- 어떤 점을 명심해야 할까요?
- 무엇이 잘못될 수 있을까요?
- 가끔 화가 나게 되는 상황은 어떤 게 있나요?

연구자가 주목하는 것

일반적으로 맥락적 인터뷰를 하는 연구자는 다음과 같은 사항을 고려한다.

사물

연구 대상자 책상 위에는 무엇이 있는가(그림8-2)? 업무하는 데 어떤 종류의 서류, 파일, 스프레드시트를 사용하는가? 주변에 또 다른 주목해야 할 무언가가 있는가?

의사소통

업무 전달 및 업무 검토는 어떠한 방식으로 이루어지고 있는가(이메일, 소프트웨어, 회의 등)? 얼마나 많은 사람이 고객과 함께 일하고 있는가?

방해 요소

업무의 흐름을 중단시키는 요소들이 있는가? 있다면 얼마나 자주 그것들이 돌아다니는가? 사무실의 소음 수준은 어떠한가? 안내방송이 시끄럽게 계속 들려오지는 않는가? 이는 내가 관찰한 증권 거래업자들의 실제 사례인데, 사무실이 너무 시끄러워서 이들에게는 그들의 업무 처리를 쉽고 단순하게 만들어 주는 아주 간단한 해결책이 근본적으로 필요했다.

관련 요소

연구 대상자는 당신이 공식적으로 관찰하고 있는 것 외에 어떤 다른 일을 하는가? 그들이 컴퓨터로 다루고 있는 프로그램은 몇 가지인가? 그들은 보통 컴퓨터를 사용하는가 아니면 휴대폰을 사용하는가?

그림 8-2 연구 대상자 책상 예시

문제의 원인

나에게 컨설팅을 의뢰하는 고객은 자신들의 유저 리서치가 수천 건의 설문 응답을 받았기 때문에 더 이상의 데이터가 필요하지 않다고 때때로 장담하곤 한다. 이 데이터가 고객에게 당장의 문제가 무엇인지에 관해 정확한 해석을 제공하는 것은 사실이다. 하지만 디자이너로서 우리는 겉으로 드러나지 않는 이유와 문제 이면의 논리로 문제의 원인을 파악할 수 있어야 한다.

고객은 지금쯤 인터페이스의 외형에 압도되거나 다른 무언가를 기대하거나 당신이 사용하는 언어에 혼란을 겪고 있을 수 있다. 그리고 여기에는 수백 개의 다른 요인이 존재한다. 제품·서비스를 디자인한 동료와의 대화나 설문 조사를 통해 문제 이면의 핵심 원인을 추론하는 것은 매우 어렵다. 우리는 고객을 직접 만나 확실한 맥락이 존재하는 환경에서 그들을 관찰함으로써, 그들의 생각을 어느 정도 파악할 수 있다.

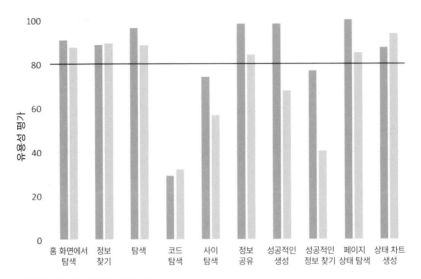

그림 8-3 업무별 유용성 테스트 결과

그림 8-3의 유용성 테스트 결과를 살펴보자. 참여자들이 어째서 막대
그래프의 4번째에 있는 '코드 탐색'에서 어려움을 겪는지 이유를 정확히 확
인할 수 있는가? 나로서도 모르겠다. 전통적인 유용성 테스트 결과는 똑같
이 '무엇'에 관한 정보만을 제공할 때가 많다. 유용성 테스트 결과는 사용자
가 어떤 업무에 익숙하거나 서툰지를 알려 주지만 그 이유를 파악하는 데
필요한 단서를 제공하지 못하는 경우가 많다. 그리고 바로 이 시점에서 여
섯 가지 마인드를 활용한 연구가 수행되어져야 한다.

맥락적 인터뷰 및 분석을 위한 권장 접근법

이 챕터 내내 암시했듯이, 실제 업무 환경의 맥락에서 사람들을 관찰하면
그들의 가시적인 행동뿐 아니라 그들이 인지하지 못하는 암묵적인 뉘앙스

를 발견할 수 있다. 사용자가 그들의 프로세스를 단계별로 더 많이 보여줄수록, 그들의 머릿속에 떠오르는 프로세스의 정확도는 더욱 높아진다.

우리가 고안한 경험의 여섯 가지 마인드로 맥락적인 상황을 경험하는 것뿐 아니라 고객의 마음속 다양한 정신적 표현에 대해서도 적극적으로 생각해 보기를 권하고 싶다.

시선/주의

고객은 무엇에 관심을 가지는가? 무엇을 검색하는가? 그 이유는 무엇인가?

경로 탐색

기존의 제품이나 서비스를 고객은 어떻게 탐색하는가? 그들이 제품과 서비스를 어떠한 방식으로 사용하는가?

언어

고객은 어떤 언어를 사용하는가? 고객 사용 언어가 그들의 전문 지식 수준에 대해 무엇을 시사하는가?

기억

고객은 일이 어떻게 돌아가는지에 대해 어떤 가정을 하고 있는가? 그들은 언제 놀라고 혼란스러워 하는가?

의사 결정

고객이 성취하고자 애쓰고 있는 목표는 무엇인가? 그들은 자신의 문제를 어떠한 관점에서 바라보고 있는가? 그들은 어떤 결정을 내리고 있는가? 그리고 이때 결정을 방해하는 요소는 무엇인가?

감정

고객이 추구하는 최종 목표는 무엇인가? 목표를 성취하는 데 있어 그들은 무엇을 걱정하는가? 앞으로의 제품과 서비스가 고객의 필요, 기대, 욕구 및 목표에 더욱 부합하려면 어떻게 해야 하는가?

지금까지 설명한 관찰 방식은 대부분 사람들이 어떻게 일하는가에 초점을 맞추고 있지만, 이는 소비자 공간에서도 동일하게 적용될 수 있다. 당신의 최종 제품과 서비스가 무엇인지에 따라, 당신의 연구는 고객의 집에서 TV를 보거나 함께 쇼핑을 하거나, 그들의 친구들과 커피를 즐기는 것 등을 포함할 수 있다(물론 반드시 고객의 동의가 필요하다). 당신이 사무실로 복귀할 때쯤이면 당신이 미처 생각하지 못했던 고객의 새로운 모습을 알게 되고 그들에 대한 이야기가 더욱 풍성해질 것이다!

나는 연구자를 채용할 때, 커피숍에 앉아 사람들을 관찰하는 것을 좋아하는지 물어보고는 한다. 연구자가 하는 일이 이와 다르지 않기 때문이다. 사람들이 어떠한 생각을 하는지, 어떻게 행동하는지, 왜 그렇게 하는지에 대해 골몰하는 사람들이 바로 연구자다. 왜 이 사람이 여기 있을까? 왜 저런 복장을 하고 있을까? 이 다음에 이들은 어디에 가는걸까? 이들은 무슨 생각을 하고 있을까? 이들을 움직이게 하는 동기는 무엇일까? 이들은 언제 기쁨을 느끼는걸까? 고객을 관찰하며 이와 같은 질문들을 던지는 것이다.

책 한 권 전체에 맥락적 인터뷰에 관한 이야기를 담고 있는 훌륭한 서적들이 몇몇 있다. 해당 도서들은 이 책의 마지막 부분인 추천하는 읽을거리에 수록해 두었으니 기회가 닿으면 읽어 보기를 바란다. 맥락적 인터뷰에 관한 모든 뉘앙스는 내가 추천하는 책들을 통해 알 수 있을 것이다. 아래는 인터뷰하러 가기 전에 당신이 꼭 갖추었으면 하는 마음가짐이다.

관찰자로서 이곳에 있음을 기억한다

연구자는 관찰할 때 사람들과 잘 어우러져야 하지 주목을 받으려고 해서는 안 된다. 주목의 대상은 언제나 당신의 고객임을 기억하라. 또한 고객에게 개방형 질문을 하되, 당신의 추측과 관점, 개인적 견해는 멀리 던져 버려야 한다. 자신이 고객의 역할을 맡은 연기자라고 상상하거나, 곧 육아 휴직을 하게 되는 고객을 대신해 일하게 되었다고 상상해 보자. 고객을 관찰하는 과정 속에서 그들의 잘못을 지적한다던지, 혹은 해결 방법을 제시해서는 안 된다. 오로지 당신은 고객의 방식대로 일하는 법, 그들의 사고방식 그대로를 배워야 할 것이다.

관습을 따른다

위협적이지 않고 눈에 띄지 않게끔 고객과 어울리는 방식으로 옷을 입도록 하자. 당신의 목표는 이들과 함께 어울림으로써, 최대한 그 상황에 영향을 주지 않는 것이다. 고객이 현관에서 신발을 벗는다면 당신도 그렇게 해야 한다. 바닥에 앉아야 하는 경우도, 새로운 종류의 음식을 시도해야 하는 경우도 생길 수 있으니 마음의 준비를 하자.

최대한 고객 언어를 사용한다

다시 말해, 당신이 어떠한 주제에 대해 더 많이 알더라도, 전문적으로 이야기하지 말아야 한다. 당신이 속한 업계에서만 쓰는 전문 용어를 사용하지 않도록 주의하자. 오히려 반대로, 고객에게 특정 개념이나 행동을 어떻게 표현하는지 물어본 뒤 당신의 언어가 아닌, 고객의 언어를 사용해야 한다.

이유를 묻는다

때때로 사람들은 어떠한 행동에 대해 합리화하고 이에 대한 암묵적인 이유를 가진다. 이들의 생각을 관찰하는 일은 언제나 흥미롭다. 그리고 이러한 관찰은 그들이 어떻게 문제를 바라보고, 결정을 계획하는지 이해할 뿐만 아니라 그들의 암묵적인 가정에 대한 단서를 얻는 데에도 도움을 준다.

고객의 행동에 개입하지 않는다

디자이너로서 자신의 제품이나 서비스가 고객 행동에 도움이 될만한 장점이 있음을 알고 있을 때 이를 알려 주고 홍보하지 않기란 매우 어려운 일이다. 하지만 홍보와 어필은 아직 당신의 임무가 아니다(아직 그 단계에 이르지 못했다). 관조적으로 바라만 보는 게 쉽지 않더라도, 고객의 관점으로 관찰하는 일은 꼭 필요한 과정이다. 디자이너라면 실제 현장에서의 고객의 모습을 제대로 파악할 수 있어야 하기 때문이다.

고객의 행동을 관찰한다

인터뷰를 위한 일정을 잡을 때 회의실에서 만나기 원하는 고객이 대다수일 것이다. 회의실에서 인터뷰 및 관찰을 진행하는 것이 좀 더 편할 수 있겠지만, 업무 책상에 함께 앉아 일상적인 환경을 가감 없이 관찰하는 것을 더 추천한다. 결정적으로, 당신은 당신의 제품과 서비스의 개선점들을 발견할 수 있어야 한다.

소수의 사람만 인터뷰에 오게 한다

1~3명 정도가 맥락적 인터뷰를 진행하기에 이상적인 숫자다. 작은 그룹을 유지하는 것이 중요하다. 여러분의 고객 참여자가 청중이 있고 그룹을 위해 공연해야 한다고 느끼게 된다면 굉장히 곤란하기 때문이다.

그들의 일상적인 행동을 어색하게 만드는 그룹 사이즈는 피해야 할 것이다.

최대한 눈에 띄지 않게 정보를 기록한다

나는 인터뷰 과정을 비디오나 오디오로 녹음하는 것을 선호한다. 그렇다면 화려한 조명, 멋진 마이크 등을 인터뷰에 가지고 와야 할까? 절대 아니다. 맥락적 인터뷰를 진행할 때 사람들의 눈에 띄지 않는 무선 마이크, 간편한 소형 비디오 카메라, 휴대폰을 가지고 가는 것이 좋다. 누군가가 인터뷰 중 휴대폰으로 전화를 걸거나, 동료에게 질문하기 위해 사무실 밖으로 나간다면 이는 아주 좋은 신호이다. 고객이 당신에게 예의를 갖추기보다는 자연스럽게 일상적인 생활 패턴을 따른다는 의미이기 때문이다.

노트북 대신 노트에 기록한다

노트를 가져가면 노트북을 켜는 시간, 와이파이에 연결하는 시간을 걱정하지 않고 바로 관찰 내용을 기록할 수 있다. 경험에서 우러나오는 조언 하나를 하고자 한다. 여분의 펜을 꼭 챙겨라! 펜이 없어서 겪는 여러 불편한 상황을 방지할 수 있다.

고객에게 질문을 던진다

'일한지 얼마나 되셨나요?' '어떻게 일을 시작하셨나요?' '일하면서 좋은 점은 무엇인가요?' '업무 외의 시간은 어떻게 보내시나요?' '성취하고 싶은 목표가 있나요?' '본인을 행복하게 만드는 일은 무엇인가요?' 등과 같이 다양한 질문을 통해 관찰자로서 고객의 관점을 읽어내도록 한다. 처음에는 '어떻게 일을 시작하셨나요?' 같은 일상적인 질문을 시작으로, 점차 '삶에서 가장 중요하게 생각하는 것은 무엇인가요?' '성취감, 행복, 만족감을 느낀다면 그 이유는 무엇인가요?'와 같이 깊은 수준의 질문으로 넘어가면 된다.

맥락적 인터뷰에 관한 Q&A

맥락적 인터뷰를 처음 진행하는 사람들이 가지는 궁금점들은 아래와 같다.

몇 명의 사람들을 인터뷰해야 하는가?

일반적으로 나는 그들의 생활 방식이나 역할에 따라 적절한 사용자 그룹의 수를 추정하려고 노력한다(예: 학문적 환경에서는 중학생, 고등학생, 대학생을 인터뷰하거나 의학적 환경에서 일반 실무자, 전문의, 간호사, 관리자를 인터뷰할 수 있다). 트렌드를 파악하려면 한 그룹당 8~12명 정도가 필요하다. 하지만 현실과 이상이 충돌한다면, 어떤 양이라도 항상 0보다 낫다는 것을 기억하자.

맥락적 인터뷰는 몇 분 정도 진행해야 하는가?

90분을 권장한다. 어린 아이들이라면 집중력이 오래가지 못할 수 있고, 바쁜 의사들은 90분도 길다고 거부할 수 있다. 다른 경우에는 아침, 오후와 같이 길게 활용할 만한 시간에 편승할 수 있다. 참여자의 전형적인 행동 패턴을 관찰하고 고객의 관점에 대해 이야기할 수 있는 충분한 시간이 필요하다.

인터뷰 참여자는 어떻게 섭외하는가?

일정을 계획하고, 조정하고, 알려 주는 등 인터뷰 전에 참여자를 모집하며 신경써야 할 것들이 생각보다 많다. 그렇기 때문에 구인 관리자는 비용 면에서 값어치를 한다. 그럼에도 구인 업체를 쓰지 않고 스스로 참여자를 구하고 있다면 협회부터 시작하기 바란다. 일반 대중을 상대로 하는 인터뷰라면 SNS를 이용해도 좋을 것이다. 인터뷰를 하기 위해 비행기를 타고 멀리 이동해야 하는 상황이라면 채용 전문 업체를 이용하는 비용이 경비만 들이고 아무도 인터뷰 못 하게 되는 상황을 예방하는 데 매우 유용한 가치를 발휘하게 될 것이다.

인터뷰 질문을 미리 준비해야 하는가?

미리 준비는 하되, 인터뷰 참여자와 즉흥적으로 인터뷰하기를 권장한다. 참여자가 업무에 집중하면서 평소 생활 모습과 너무 다르게 행동하지 않도록 균형을 유지해야 한다. 또한 맥락적 인터뷰를 진행하면서 준비한 항목을 모두 채워야 한다고 생각하지 않기 바란다. 고객의 세계에 진입하는 데 필요한 정보를 얻는다고 생각하며 접근하자. 참여자가 알고 있는 것, 문제를 바라보는 관점, 삶에서 가치 있게 생각하는 것에 관한 이야기로 인터뷰가 자연스럽게 흘러갈 것이다. 다양한 유형의 사람들이 있을 것이기 때문에 고객 유형을 세분화하기 위해 인터뷰를 여러 번 진행하는 것을 권장한다.

데이터에서 인사이트 얻기

이 단계에서 막히는 사람들이 많다. 정해진 사람들을 인터뷰하고 결과, 대화 인용, 사진, 영상으로 남은 모든 방대한 데이터 자료에 숨이 확 막혀올 수 있다. 이러한 관찰만을 통해 정말 우리가 원하는 정보를 얻을 수 있을까? 당신이 수집한 미묘한 관찰들은 올바르게 정리되지 않으면 그 방대한 양에 압도될 수 있다. 어디서부터 시작하면 좋을까?

수집된 수백 개의 데이터를 통해 제품과 서비스를 어떻게 디자인할지에 대한 양질의 인사이트로 추출해 내려면 패턴과 트렌드를 파악할 수 있어야 한다. 이를 위해서는 올바르게 정리된 패턴이 필요하다. 이제 내가 맥락적 인터뷰를 통해 인사이트를 얻어내는 과정을 살펴보도록 하자.

Step 1: 관찰 내용을 검토한 후 기록한다

노트 기록물과 비디오 녹화본을 검토하면서, 사용자 행동에 관한 짧은 인사이트를 뽑아낸다. 나는 이러한 정보들을 포스트잇에 적는다. 뮤랄Mural이나 리얼타임보드RealTimeBoard 같은 디지털 작업 공간의 메모를 사용해도 좋다. 관찰에서 중요하게 봬야할 점은 여섯 가지 마인드와 연관 지을 수 있는 모든 것이다.

시선/주의

인터뷰 참여자가 시선적으로 주의를 두는 곳은 어디인가?

경로 탐색

인터뷰 참여자는 공간을 어떻게 인지하고 있으며, 그 공간에서 어떻게 이동하는가?

기억

인터뷰 참여자는 세상을 어떤 관점에서 바라보는가?

언어

인터뷰 참여자는 어떤 언어를 사용하는가?

의사 결정

인터뷰 참여자는 어떻게 문제를 바라보는가? 그들이 해결하고자 하는 보다 고차원적인 니즈는 무엇인가? 의사 결정을 하는 데 있어서 방해 요인이 있다면 무엇인가?

감정

인터뷰 참여자는 무엇을 걱정하는가? 무엇이 그의 최대 목표인가?

이와 더불어 주요한 사회 작용(예: 상사와 직원이 같이 일하는 방식)이 보인다면 함께 기록한다(그림 8-4).

그림 8-4 맥락적 인터뷰 결과의 예시

Step 2: 결과를 여섯 가지 마인드로 정리한다

모든 인터뷰를 정리하고 나면 참여자별로 분류한 포스트잇을 벽에 붙여 정리한다. 그러고 나서 여섯 가지 마인드에 따라 6열로 나누어 다시 재배열한다(그림 8-5). "중간 저장 버튼을 못 찾겠음."과 같은 노트는 시선/주의 열에 배치하고, "페이팔로도 거래할 수 있는지 바로 알고 싶음."과 같은 노트는 의사 결정 칸에 배치할 수 있을 것이다. 더 구체적인 내용은 다음 장에서 살펴보도록 하자.

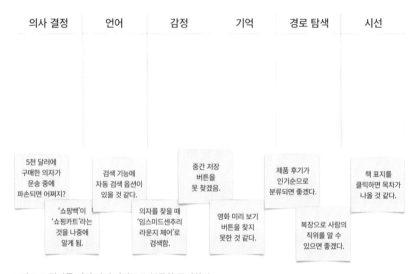

그림 8-5 결과를 여섯 가지 마인드로 분류할 준비하기

이러한 방식으로 배열하다 보면 중복되는 부분이 있음을 알게 될 것이다. 이러한 분류 방식을 유용하게 사용하려면, 디자이너로서 인사이트의 가장 중요한 요소가 무엇인지 결정하고 그에 맞게 분류하는 것이 좋다. '시각적 디자인은 어떠한가?' '인터랙션 디자인interaction design(디지털 기술을 이용해 고객과 서로 소통을 이루도록 하는 디자인 분야)은?' '언어는 충분히 세련되었는가?' '올바른 기준에 의해 제공하고 있는가?' '고객이 의사 결정을 내

리는 과정에서 마주하는 문제를 해결하기 위한 툴을 제공하는가?' '고객을 불쾌하게 하고 있지는 않은가?' '충분히 세련된 언어를 사용하는가?' '참고 문헌의 형식은 올바른가?' '더 중요한 결정 과정에서 마주하는 문제를 해결할 올바른 도구를 사용자에게 제공하는가?' '사용자에게 다소 불쾌감을 주고 있지는 않은가?'와 같은 디자인적 논점들을 생각해 보도록 한다.

Step 3: 트렌드를 분석하고 타깃층을 세분화한다

이 책의 3부에서는 타깃층 세분화에 관해서 이야기할 것이다. 사용자 그룹의 트렌드를 분석하면 인터뷰 결과에 관한 공통점도 함께 관찰할 수 있다. 그리고 이러한 내용은 당신의 제품과 서비스가 앞으로 나아가야 할 방향성에 관해 중요한 통찰력을 제공할 수 있다. 인터뷰 결과를 여섯 가지 마인드로 세분화하여 잘 정리하면, 제품·서비스 개선 관리에 분명한 도움이 될 것이다. 예를 들어 의사 결정 과정에서의 피드백 내용을 제품을 개발하고 있는 UX 전문가에게 참고하도록 보낸다거나, 시선/주의 관련 피드백 내용을 그래픽 디자이너에게 보냄으로써 최종적으로 사용자가 더욱 좋은 경험을 하게 만드는 디자인을 이끌어 낼 수 있게 된다.

내가 직접 이커머스 연구에서 관찰한 실제 인터뷰 참여자들의 구체적인 사례들을 제시하고자 한다. 어떤 지점이 흥미로운 데이터 포인트로 간주될 수 있는지 확인하고, 당신이 수집한 결과에서 얻을 수 있는 몇 가지 뉘앙스에 대해서도 생각해 볼 수 있기를 바란다.

연습해 보기

여섯 가지 마인드에 대한 온라인 수업에서, 나는 수업을 듣는 사람들에게 실제 인터뷰 참여자에게서 얻은 작은 사이즈의 데이터 모음집을 제공한다.

그림 8-8에서 8-13은 이커머스 연구에 참여한 6명의 메모이다. 연구의 초점은 아이템을 찾고 선택하는 과정이며 결제는 문제의 핵심이 아니다. 아래의 메모는 맥락적 인터뷰 과정에서 수집된 연구 결과를 반영한다.

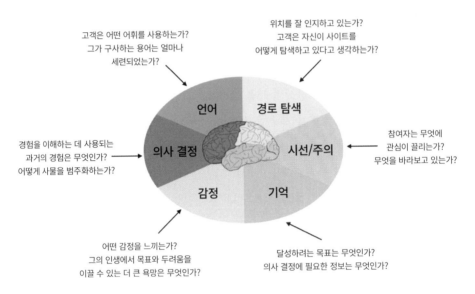

그림 8-6 **경험의 여섯 가지 마인드**

도전 과제: 그림 8-7(시선, 경로 탐색 등)에서 가장 적당한 카테고리에 연구에 관한 메모를 각각 적어 보도록 하자.

어떻게 해야 할지 잘 모르겠다면, 그림 8-6을 참고하기 바란다.

노트를 둘 이상의 범주에 넣어야 한다고 생각되는 경우, 그렇게 할 수도 있지만 가장 중요한 하나의 범주로 제한해 넣는 것을 추천한다. 각 개인의 생각을 통해 무엇을 알게 되었는가? 인터뷰 참여자들 사이에 공통적인 경향이 있었는가?

참여자: _____

의사 결정	언어	감정	기억	경로 탐색	시선

그림 8-7 각각의 결과들을 여섯 가지 마인드 범주의 어디에 넣을 것인가?

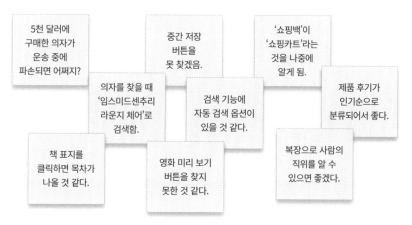

그림 8-8 참여자1의 결과

그림 8-9 **참여자2의 결과**

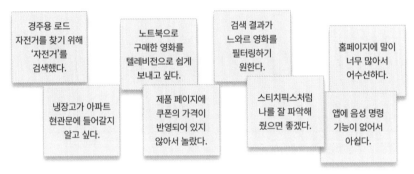

그림 8-10 **참여자3의 결과**

그림 8-11 **참여자4의 결과**

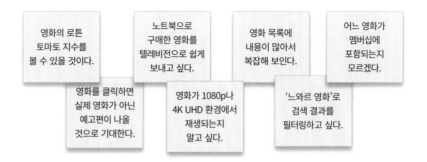

영화의 로튼 토마토 지수를 볼 수 있을 것이다.

노트북으로 구매한 영화를 텔레비전으로 쉽게 보내고 싶다.

영화 목록에 내용이 많아서 복잡해 보인다.

어느 영화가 멤버십에 포함되는지 모르겠다.

영화를 클릭하면 실제 영화가 아닌 예고편이 나올 것으로 기대한다.

영화가 1080p나 4K UHD 환경에서 재생되는지 알고 싶다.

'느와르 영화'로 검색 결과를 필터링하고 싶다.

그림 8-12 **참여자5의 결과**

그럼 이제 다섯 명의 인터뷰 참여자의 메모로 돌아와서 다음 장에서 필요한 데이터 세트 정보를 제공하고 미묘한 뉘앙스적 차이를 자세히 설명함으로써, 분석력을 높이고자 한다. 이로써 당신은 다양한 상황에서 데이터를 어떻게 다루고 처리하는지 알게 될 것이다.

적용해 보기

- 단순히 인터뷰만 하지 말고, 참여자가 일터에서 일하는 모습을 관찰하자. 상황적 기억은 그 순간에 있을 때 잘 생각난다.
- 참여자가 하는 일에 개입하지 않는다. 그가 업무를 완수하는 것을 그냥 관찰하며, 필요에 관해서는 논하지 않는다. 마찬가지로 상황적 기억과 무의식적인 행동은 이런 방법으로 더 잘 생각난다.
- 참여자 행동의 기초가 되는 세상에 관한 그의 가정을 추론해 내자. 스스로 소비자처럼 생각해서 내가 도와줄 수 있는 소비자의 어려움과 문제를 발견하도록 한다.
- 관찰되는 행동으로 판단하되 주제에 관해서 하는 말을 근거로 하지 않

는다(예: 휴대폰을 얼마나 자주 확인하는가? 종이와 컴퓨터 중에 어느 것을 얼마나 더 많이 사용하는가?).

Chapter 9

시선: 고객은 어디를 바라보고 있는가?

지금까지 맥락적 인터뷰를 진행하는 방법과 제품·서비스 사용자들을 관찰하는 방법을 논의하였다. 이제 여섯 가지 마인드로 인터뷰를 통해 중요한 단서를 제공하는 방법을 생각해 보도록 하자.

먼저 그림 9-1의 시선/주의 측면에서 생각해 보자. 시선을 고려할 때 디자이너는 다음과 같은 질문에 관한 답을 찾아야 한다.

- 고객의 시선은 어디를 향하고 있는가? (무엇이 고객의 시선을 끄는지, 고객이 보고 있는 것을 통해 우리는 무엇을 알 수 있는지)?
- 고객은 그가 찾고 있던 것을 찾았는가? 찾지 못했다면 왜? 그들이 그것을 찾는 데 있어서 겪은 어려움은 무엇이었는가?
- 고객이 찾고 있는 것은 어떠한 디자인이기에 관심을 받게 되었나?

고객이 이 데이터에서 무엇을 바라보고, 무엇을 기대하는지, 그리고 고객의 시선에서 눈에 띄는 것은 무엇인지에 관해서도 논의할 것이다. 고객이 찾고자 하는 것을 잘 찾았는지, 그들이 참고하는 기준은 무엇인지, 그들의 목표에 관해서도 이야기하고자 한다.

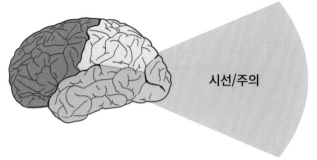

그림 9-1
후두피질에 들어오는
시선과 시각적인 주의

시선/주의

시선 추적 장치가 모든 걸 알려 주지는 않는다

인터페이스나 서비스를 개선할 때에는 사용자가 실제로 어디를 보고 있는지부터 파악하는 것으로 시작해야 한다. 인터페이스로 예를 든다면 사용자는 스크린 화면의 어디를 보고 있는지, 혹은 앱 내에서 무엇을 보고 있는지 등을 살피는 것이다.

시선 추적 장치나 디지털 히트맵digital heat map은 우리로 하여금 사용자가 어디를 보는지 알 수 있게 해 주어서 해당 유형 분석에 유용하다. 이러한 분석은 페이지 내에서의 콘텐츠 배치를 조정하는 데 도움이 될 수 있다.

하지만 우리가 이전 장에서 논의했던 전통적인 관찰 방법을 잘 활용할 수만 있다면, 시선 추적 장치는 굳이 필요하지 않을 수 있다. 나는 맥락적 인터뷰를 진행할 때, 인터뷰 참여자로부터 90° 수직 위치에 있으려고 하는데(그림 9-2), 이렇게 하는 데에는 몇 가지 이유가 있다.

그림 9-2 맥락적 인터뷰 중재하기

- 참여자가 나를 올려다보면서 이야기하는 것은 좀 어색하다. 이렇게 하면 참여자는 스크린 화면을 주로 바라보며 무엇을 하던 인터뷰 진행자를 바라보지 않게 된다(그러면 나는 참여자가 무얼 하면서 클릭하는지 등을 잘 볼 수 있게 된다).
- 참여자가 무엇을 보고 있는지 더욱 쉽게 관찰할 수 있다. 물론 100%는 아니지만, 일반적으로 그들이 화면의 상단 쪽을 보고 있는지 하단 쪽을 보고 있는지, 아니면 종이를 보고 있는지, 바인더에서 특정 페이지를 살펴보고 있는지 등을 알 수 있다.

사람들의 시선에 대해 이야기 하자면 그림 9-3을 살펴보자. 해당 그림은 전자 기계 회사 웹 사이트의 두 스크린샷을 나란히 배열한 것이다. 이는 사용자의 시각계에서 다음에 무엇을 볼지 결정하는 데 사용하는 표현의 한 유형이다.

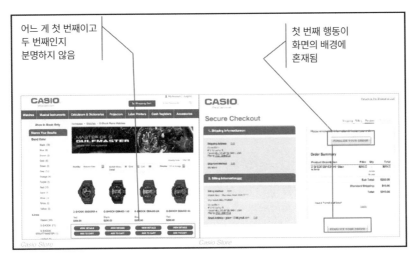

어느 게 첫 번째이고
두 번째인지
분명하지 않음

첫 번째 행동이
화면의 배경에
혼재됨

그림 9-3 이미지를 볼 때 시각 주의 시스템이 주목하는 것

그림 9-3에는 4개의 시계가 있고 시계마다 아래 칸에 버튼이 두 개 있다. 버튼이 있다는 점은 한눈에 금방 들어오지만, 어느 버튼이 구매 버튼이고 어느 버튼이 중간 저장 버튼인지 표현 수준을 시각적으로 구별하기에 명확하지 않다. 두 번째 버튼이 중간 저장 버튼처럼 보여야 하는데 현재는 구매 버튼과 똑같은 만큼의 관심을 끈다. 그래픽 디자이너와 함께 조정하는 작업이 필요해 보인다.

오른쪽 이미지에서 버튼 두 개는 똑같은 관심을 끌 만큼 충분히 시각적이지 않다. 단순하게 배경에 어울려 보여서 못 보고 넘어가기 쉽다.

사례 연구: 안전부서

문제: 내가 든 예시의 대부분이 디지털 인터페이스에 관한 것일지라도 디자이너는 시선/주의에 관해 폭넓게 생각할 필요가 있다. 나는 축구 경기장 크

126

기의 조직을 보안 및 모니터링하는 막중한 책임을 가진 사람들의 의뢰를 받아 그들의 고객군을 관찰, 분석한 적이 있다.

시선은 매우 다양하게 분산되어 있었다. 다음은 일정한 시간 동안 모니터링한 개별 알람, 차임벨, 경고음 같은 모든 시스템 및 도구이다.

- 문자 그대로 카메라가 수백 대이고 카메라 대수는 계속 증가한다.
- 특수 카메라가 뒤편에서 사람들이 슬그머니 자주 다니던 문 주변 같은 문제 영역에 집중된다.
- 실시간 업데이트되는 순찰 도보용 무전기
- 이메일
- 문자 메시지
- 실시간 소통하는 경찰 라디오 지역 방송
- 1분 동안에도 경고음이 여러 번 울리는 입구의 카드 확인 시스템
- 장내 방송 설비 안내방송
- CNN
- 화재 경보음
- 엘리베이터 경고음
- 전기 경고음
- 전화 은행 체계

이렇게 정신 없는 환경 속에서도 모든 사람들이 각자의 작업을 수행한다는 점에 꽤나 놀랐을 것이다. 나 역시도 놀라웠는데, 이러한 소음 유발 시스템이 생산적인 업무 활동에 실제로 도움이 되는지에 대해 조금은 회의적이었기 때문이다. 오히려 사람들이 집중이 어렵다고 생각하는 사무실을 공개적으로 재배치했을 때 훨씬 더 주위가 산만해지는 상황이 발생했다.

결과: 일상 속에 시청각적으로 주위를 산만하게 만드는 요소들이 정말 많아서 우리는 순간마다 집중해야 하는 제일 중요한 부분을 찾아내야 했다. 우리 팀은 스크롤 기반 페이스북 뉴스 피드와 매우 유사한 시스템을 개발했는데, 피드의 관련성을 보장하기 위한 극단적인 필터링 기능을 추가했다. 각각의 잠재적 걱정 거리(테러, 화재, 출입문 혼잡 등)와 관련된 행동 항목을 가지고 있었고, 직원들은 각각의 문제를 위치 정보를 통해 필터링할 수 있었다. 이 시스템은 또한 사람들의 이목을 끄는 주요 우선 순위 목록을 포함한다. 하나의 스크롤이 있으며, 단일 주제 혹은 모든 주제에 초점을 두도록 설정할 수 있지만, 주제가 특정 중요도로 상승할 때만 가능하다. 그 결과, 직원들은 어디를 집중적으로 봐야 하는지, 그리고 들려오는 경보음이 무엇을 뜻하는지 구별할 수 있게 되었다.

빠르게 히트맵을 얻자

시선 추적 히트맵은 인터페이스상에서 사용자의 시선이 어디를 향해 있는지 보여 준다. 그림 9-4의 화면에서 사람들이 여러 다른 지점들을 바라보는 데 사용하는 총시간의 분석표를 확인할 수 있다. 시선이 다른 곳보다 더 오래 집중되는 지점은 더 뜨겁게 나타난다.

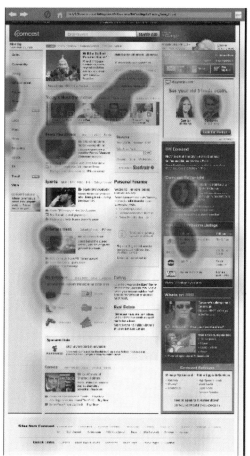

그림 9-4 시선 추적 히트맵

사례 연구: 웹 사이트 위계질서

문제: 그림 9-4에서 보이는 사이트의 예시에서 (Comcast.net의 원조는 Xfinity 이다) 오리지널 버전은 왼쪽이고 소비자는 상단 왼쪽의 한 부분을 압도적으로 많이 바라보지만, 페이지 전체를 더 내려서 보지 않고 페이지 오른쪽 옆면을 보지도 않는다. 시선 추적 장치나 페이지 전체로 나아가 제휴사 링크

에 클릭 수가 나오지 않는다는 사실에서 우리는 이 점을 모두 알 수 있다(그래서 제휴사가 불만족스럽게 생각했다). 문제는 시각적인 대조이다. 상단 왼쪽 코너에는 구 페이지가 페이지 전체보다 훨씬 시각적으로 어둡게 보였고 비디오나 사진이 더욱 흥미롭게 보였기 때문에 시각적 집중을 받기에 시스템에서 우세했다.

결과: 우리는 자연스러운 시각적 흐름에 따라 헤드라인을 포함하고 아래에 다른 정보가 보이도록 페이지를 다시 디자인했다. 우리는 페이지에서 눈이 안 가는 부분에 시각적인 대조, 그림 크기, 색상, 폰트 크기, 여백 같은 균형을 맞춰서 눈에 잘 띌 수 있도록 변경했다. 그 결과, 화면 아래 쪽에 표시된 링크를 사람들이 더 많이 클릭할 수 있도록 시선을 가게 할 수 있었다. 그리하여 사람들이 광고 페이지에 더 많이 접근하게 되었고, 최종 사용자인 유료 광고 제휴업체 컴캐스트Comcast의 만족도를 높일 수 있었다.

이 사례 연구는 시선 추적 장치나 히트맵과 같은 도구가 얼마나 실용적인지를 보여준다. 그러나 이 도구가 무조건 그 자체로 당신의 제품과 서비스의 품질을 높인다고 생각하지는 않도록 주의하자. 마지막 장에서 언급했던 설문 결과나 유용성 검사와 마찬가지로 히트맵은 무엇이 사람의 시선과 집중을 끄는지를 알려 주지만, 그 이면의 원인을 파악하지는 못한다. 히트 맵 분포의 결과만으로는 사용자가 해결해야 하는 문제가 무엇인지 명확하게 알아내기 어렵다.

자연스러운 흐름에 맡기자

디자이너로서, 고객의 니즈를 만족시키기 위해 우리는 그들이 문제 해결 단계에서 무엇을 찾고자 하는지, 그리고 어떠한 결과를 얻기 원하는지 알아야 한다. 그러면 프로세스의 각 단계에서 그들이 찾기를 기대하는 것과 흐름을 맞출 수 있다.

사이트를 사용하는 사람을 관찰하는 동안 나는 종종 다음과 같은 질문을 한다. "어떤 문제를 해결하고자 합니까?" "지금 보고 있는 것은 무엇입니까?" 이를 통해 지금 이 순간 그들에게 가장 흥미로운 요소는 무엇인지, 그들의 최종 목표는 무엇인지 파악할 수 있다.

사례 연구: 옥션 웹 사이트

문제: 맥락적 인터뷰 동안 우리가 관찰할 수 있는 암묵적 기대의 예시를 제시하겠다. 정부 입찰 사이트에서 타깃 고객을 테스트하면서 "왜 정부 사이트는 이베이eBay처럼 되어있지 않나요?"라는 피드백을 들었다. 정부 사이트는 이베이보다 규모가 훨씬 크지만 타깃 고객들로서는 이베이가 훨씬 익숙했던 것이다. 이들은 정부 입찰 사이트의 새로운 인터페이스도 이베이처럼 작동되기를 기대하고 있었다.

시선 추적 장치는 이번에도 사용자의 기대와 혼란을 확인시켜 주었는데, 이들은 제품 사진 밑의 빈 공간에 입찰 버튼이 바로 나오기를 기대하고 있었다. 이베이에서는 입찰 버튼이 제품 사진 바로 밑에 나오기 때문이다. 다른 위치에 입찰 버튼이 있었지만, 사용자는 이베이와 같은 위치에 버튼이 있을 거라고 기대했기 때문에 해당 위치를 살피지 않았다.

결과: 의뢰인에게 생각을 다르게 할 것을 권하기보다 차라리 이베이같이 다른 시스템에서도 홈페이지 위치 구성은 이럴 것이라는 사용자의 기대가 확고함을 인정하도록 했다. 사용자 기대에 맞추기 위해 버튼의 위치를 비롯하여 사이트 구성 일부를 변경하였고 실적은 금방 개선되었다. 이는 언어나

시각 디자인의 문제가 아니라 다른 유사 사이트에 관한 사용자 경험에 의한 기대 때문이었다.

실생활의 예시

그림 9-5부터 9-8의 비디오 스트리밍 사이트와 이커머스 사이트에서 고객과의 상호작용에 관해 이전 장에서 주목한 연구 결과 사례를 함께 나누어 보려고 한다. 이를 통해 여섯 가지 마인드에 따라 데이터를 하위 범주로 나누면서 실제적인 감각을 익히게 될 것이다. 먼저 시선/주의에 집중해 보자. 중복되는 부분도 종종 있음을 기억해야 하겠지만, 각각의 코멘트마다 그 이면의 가장 큰 문제에 최대한 관심을 두어 분류하였다.

"중간 저장 버튼을 못 찾겠음."

이처럼 사용자가 화면의 특정 기능을 못 찾는 경우, 시각적인 문제일 확률이 높다. 이런 피드백을 처리하면서 중간 저장 버튼이 있는지 먼저 살펴보고, 중간 저장 버튼이 실제로 있다면 인터뷰 참여자가 왜 못 찾았는지 생각하고자 했다. 그 기능이 보관, 나중을 위해 저장 등 다른 이름으로 되어 있었다면 이는 언어적 문제로 분류되어야 할 것이다. 바꾸려고 하기 전에 다른 참여자도 비슷한 문제를 겪었는지 알아봐야 할 것이다. 하지만 실제로 중간 저장 버튼이 있었는데 고객이 이를 찾지 못했다면 이는 시선/주의 관점에서 문제가 있는 것이다. 하지만 시각적인 장면에 관한 피드백이 꼭 시각적인 문제로 분류되는 것은 아님을 항상 기억하자(언어와 같은 다른 문제로 인한 것일 수도 있다).

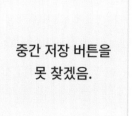

그림 9-5
연구 관찰: 저장 기능을 못 찾은 참여자

주의하기

내 연구 결과를 검토하면서 '보기, 찾기, 알아차리기' 등의 사용자 코멘트를 자주 보게 될 것이다. 이러한 어휘는 표면적으로 시선적인 것을 의미하는 듯 보일 수 있다. 그러나 이런 코멘트를 시선 범주에 자동으로 분류하지 않도록 유의하자. 결과를 검토하여 무엇이 어떠해야 한다는 기대(기억)를 암시하는 것인지, 공간에서 어떻게 이동하는지(경로 탐색)를 의미하는 것인지, 제품과 사용자가 얼마나 익숙한지(언어)를 의미하는 것인지 잘 분별할 수 있어야 한다.

"홈페이지가 너무 복잡하다."

이 말 역시 시선/주의와 관련된 것으로 보인다. 우리는 우선 웹 페이지의 구성과 정보가 너무 꽉 차 있지는 않은지 여부를 검토하였다.

그림 9-6
연구 관찰: 참여자가 홈페이지의
시각적 복잡성을 언급했다.

"결과는 나오는데 라라랜드는 안 보임."

이 말은 사용자가 페이지에서 무언가를 놓친 것처럼 들린다. 예를 들면, 영화 〈라라랜드〉가 인터넷 검색 결과에 보이는 것을 아는데 사용자는 못 찾았다고 했다. 검색 결과의 시각적 특징이 눈에 잘 안 띄는 것일 수도 있다(2장에서 보았던 시각적 팝 아웃의 예로 돌아가서 생각해보면 모양, 크기, 방향 같은 문제일 수도 있다). 다른 검색 결과 사이에 시각적인 대비가 별로 없었을 수도 있고 사용자의 관심을 끌 만한 이미지가 없었을 수도 있다. 어쩌면 페이지가 그냥 너무 산만해서 그랬을 수도 있다. 이런 유형의 피드백은 바로 시각 디자이너에게 알려줄 수 있다. 이런 상황의 영상은 어떻게 개선되어야 하는지를 시사하는 특별히 중요한 자료가 될수 있다.

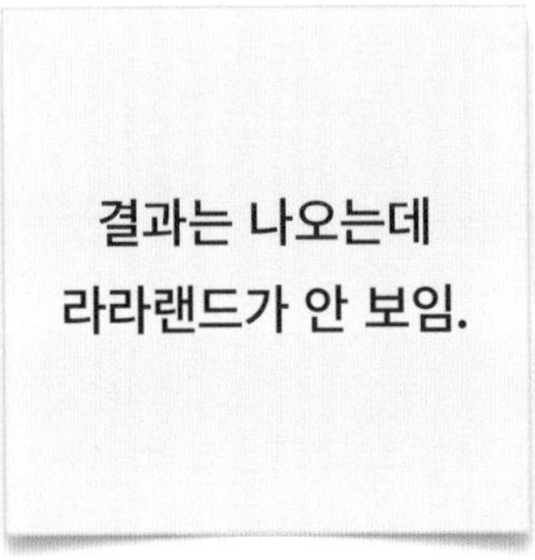

그림 9-7
연구 관찰: 참여자가 페이지에서
검색 결과를 알아보지 못했다.

"'뒤로 가기' 버튼을 찾느라 '결과 되돌리기' 링크를 발견하지 못함."

여기에 우리가 주목해야 하는 미묘한 뉘앙스 차이에 관한 아주 훌륭한 사례가 있다. '찾지 못했다'라고 읽으면 자동으로 시각적인 문제라고 생각할 수 있으나 속지 말자. 언어적인 요소의 문제일 수도 있다. 시각적인 문제인지 언어적인 문제인지 확인하려면 관찰 데이터를 사용해서 알아봐야 하는데 그 순간에 사용자가 어디를 보고 있는지 시선 추적 장치를 사용하는 것도 필요하다. '결과 되돌리기' 링크를 보고도 여전히 다른 것을 찾고 있다면 언어적인 문제임을 예측할 수 있다. 사용자가 찾고 있는 내용의 의미를 그 단어가 알려 주지 못하는 것이다.

사용자의 피드백을 검토해서 해결할 중요 문제를 압축하고 나면 디자인 팀에게 상당히 구체적인 정보와 개선을 위한 건의 사항을 제공할 수 있을 것이다.

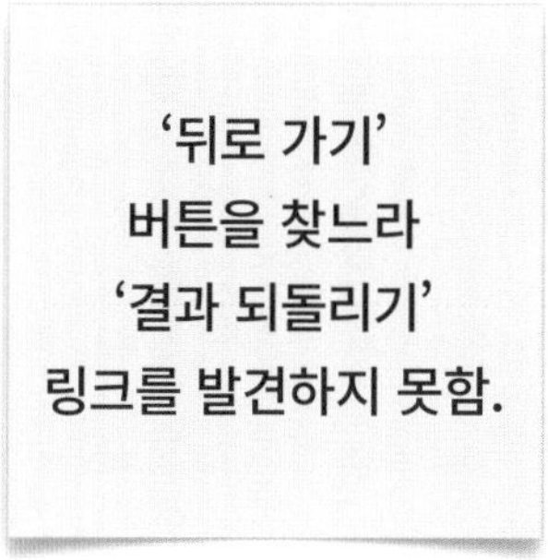

'뒤로 가기'
버튼을 찾느라
'결과 되돌리기'
링크를 발견하지 못함.

그림 9-8
연구 관찰: 관찰자가 버튼을 보지 못하고
다른 용어를 찾고 있었다.

적용해 보기

- 참여자와 수직으로 위치해서 앉는다. 다음 단계로 가기 위해 스크린 화면과 인터페이스에서 어디를 응시하는지 관찰한다.
- 참여자가 무엇을, 왜 보고 있는지 확인한다. 그 순간에 참여자와 가장 관련도가 높은 것은 무엇이며, 참여자가 능숙하게 발견할 거라고 기대하는 것은 무엇인가?
- 이러한 기대를 정당화하는 시스템에 그들이 가지는 가정은 무엇인가?
- 사용자의 상호작용 패턴은 이 시스템에 대한 그들의 가정과 무언의 전

략에 대해 또 무엇을 시사하는가?

- 사용자 머릿속의 사고 과정 모형을 구축하고 사용자의 관점에서 시선 이동과 행동을 관찰한다.

Chapter 10.

언어: 고객은 무엇을 말하는가?

10장에서는 인터뷰 녹음과 분석 추천 방법을 안내하려고 한다. 특별히 사람들이 말하는 단어, 문장 구조에 주목하며 주제와 관련해서 사용자의 능숙한 정도를 파악할 수 있는 정보는 무엇인지 함께 알아보자.

그림 10-1과 같이 언어와 관련해서는 이런 질문을 고려하고 있다.

- 고객이 가장 많이 사용하는 단어는 무엇인가?
- 단어와 연상되는 의미는 무엇인가?

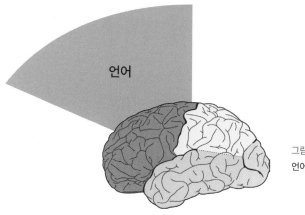

그림 10-1
언어와 언어 과정

- 고객이 사용하는 단어는 얼마나 정교한가? 관련 주제의 전문적 수준을 알려 주는 단서는 무엇인가?
- 고객이 디자이너와 같은 수준의 어휘를 사용하는가? 우리가 고객이 이해하기 어려울 만한 전문 용어를 사용하고 있지는 않은가?

인터뷰 녹화하기

앞서 언급한 바와 같이 맥락적 인터뷰를 진행할 때는 녹화를 추천한다. 근사할 필요도 없다. 200달러짜리 캠코더가 실제로 꽤 괜찮은 음질을 제공할 수 있다. 방해가 되지 않는 선에서 음성 녹음과 영상 녹화를 함께 해 두는 것도 좋은 방법이다. 설정은 단순하게 해서 참여자의 작업에 끼치는 영향을 최소화해야 한다.

원자료를 준비하되 하지 말아야 할 것은?

인터뷰를 녹화한 다음 단어 사용의 받아쓰기와 빈도를 분석하려면 가공되지 않고, '그러나, 그리고, 또는'이나 완전히 관련 없는 사람들이 사용하는 다른 최상위 단어를 찾아야 한다. 우리가 분명하게 신경 쓸 부분은 사람들이 사용하는 언어가 어떤 생각을 표현하는가이다. 그러므로 제품·서비스와 가장 밀접하게 관련된 말의 의미를 이해하려면 접속사 및 다른 모든 작은 단어들도 버려야 한다. 그리고 나서 자주 쓰는 어휘를 어떻게 활용하는지 확인한다.

어휘 사용은 소속되어 있는 그룹, 나이, 삶의 상태 등에 따라 다른 경우가 많다. 이러한 차이들을 알고 있어야 한다. 우리는 또한 사람들이 사용하는 단어들을 통해 그들이 당면한 문제를 실제로 어느 정도 이해하고 있는지 알아야 한다. 텍스트의 한 단락에서 단어 빈도를 측정할 때마다 자주 이야기하게 되는 새로운 도구가 있다. 가장 최신 툴을 찾고자 한다면 구글의 워드 프리퀀시 애널리시스Word frequency analysis를 추천한다.

정교하게 행간 읽기

디자이너가 사용하는 언어는 고객을 신뢰하게 할 수도 불신하게 할 수도 있다. 고객의 관점에서 봤을 때 제품과 서비스가 사용하는 단어에 놀랄 때가 자주 있다. 우리가 언어를 바르게 이해함으로써 고객이 사용하는 언어를 사용할 때 우리가 제공하는 제품과 서비스를 고객이 더 신뢰할 수도 있다.

누군가가 한 말의 행간을 읽을 때 우리는 비로소 그들이 주제를 어떻게 이해하고 있는지 파악하면서 그들이 가지는 언어 수준의 정교함을 읽을 수 있게 된다. 최종적으로 정교함은 주제에 관해 고객과 논의할 수 있는 적절한 수준으로 이어진다.

이는 디지털 보안이나 암호, 스크랩북, 심지어 프랑스 요리에도 적용된다. 우리 모두는 한두 분야에 전문가이고 전문성에 상응하는 언어를 사용한다. 예를들어 나는 DSLR 카메라광이며 'F 스톱'과 '아나포릭 렌즈', 'ND 필터'에 관해 대화하기를 좋아한다. 이 모든 어휘들이 카메라에 관심 없는 다른 이에게는 아무런 의미가 없을 수 있는 것이다.

예를 들면, 세무 분야에서 기업 재조직과 인수에 관한 모든 법률 368항(미 국세청 세금법)을 잘 알고 있는 세무 전문가가 있고 이런 전문가는 1972년의 수익 절차가 특정 세금 계산 비용 기준을 조정하는 데 어떻게 도움이 되는지 알 수 있다. 세금 전문가들은 개인적으로 다른 사람들이 세금 법에 별로 관심이 없다는 데 놀랄 때가 많으며 모든 복잡한 상황에서도 세무 시스템의 내부 방식을 알려 주지 않아도 자체적으로 처리하는 방법을 알려주는 터보텍스Turbotax를 그냥 원하는 사람들이 있다는 점에 경악한다. 터보텍스는 "연간 소득은 얼마입니까? 토지가 있습니까? 주소를 이전했습니까?" 같이 세금 전문가가 아니어도 이해할 수 있는 용어로 설명한다.

여기서 중요한 메시지는 고객이 말하는 내용을 통해 해당 주제에 대한 고객의 전문성을 추측하고 고객이 이해할 수 있는 언어를 사용하여 고객과 소통해야 한다는 것이다.

사례 연구: 의학용어

문제: 국립보건원의 일부인 메드라인플러스MedlinePlus에 관해 들어본 적이 있을 것이다. 이 사이트는 그림 10-2에서 설명하고 있는데 다른 의학 문제의 통합목록을 훌륭하게 제공한다. 여기서 우리가 발견한 국립보건원 이용자가 겪는 어려움은 이렇다. 예를 들어, 지금은 대체로 미니 뇌졸중이라고 불리는 병을 의료 상황 목록에 공식적인 이름인 TIA나 일과성허혈성발작으로 적어두었다. 국립보건원에 TIA가 있어도 사이트 사용자는 보통 검색 결과 목록을 보고 찾던 정보를 찾지 못할 확률이 높다.

결과: 우리는 국립의료원의 검색 기능 작업에 공식적인 의료 명칭과 일반적인 용어를 함께 쓰도록 권고했다. 우리는 용어 이중 표기가 눈에 들어오게 제시되어야 하는 점을 알고 있었다. 미니 뇌졸중을 찾고 있었는데 바로 보이지 않으면 잘못된 결과를 찾았다고 생각할 수도 있기 때문이다. 많은 경우 회사 내부 전문가들과 회사(국립의료원의 의사, 법률회사의 회계사)가 통상적인 언어를 포함시키려고 매우 애쓰게 될 상황이었다. 엄격하게 정확하지

않을 수도 있기 때문인데 설계자인 나는 우리가 두 가지 용어 옵션 중에 골라야 한다면 전문가용보다는 초보자를 위한 용어를 사용해야 한다고 주장했다. 아니면 5장에 언급한 암연구센터 스타일을 따를 수도 있다. 여기에는 의료 상황마다 의료 전문가용과 환자용 버전으로 화면 보기를 선택할 수 있다.

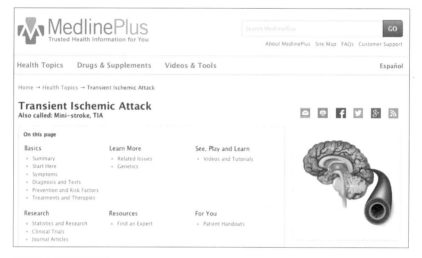

그림 10-2 메드라인플러스

실생활의 예시

포스트잇 메모로 돌아가 보면 그림 10-3부터 10-5는 언어 열에 배치해야 하는 항목을 나타낸다.

"'쇼핑백'이 '쇼핑카트'라는 것을 나중에 알게 됨."

쇼핑카트 기능이 사이트에 보이는 것을 알고 있었다면 참여자가 찾지 못하는 이유는 두 가지일 것이다. 1) 쇼핑카트 기능이 실제로 보이는데 못 보게 하는 시각적인 문제가 있었다. 2) 정확히 쇼핑카트를 보았지만 다른 용어(예를 들면 쇼핑백)로 되어 있으리라 예상해서 보고 있는 정보가 찾고 있던 정보라는 점을 이해하지 못했다. 메모 혹은 비디오 영상을 참고하여 사용자가 그 순간에 어디를 보고 있었는지 확인하면 사이트 내에 있어야 할 항목들을 보다 쉽게 식별할 수 있다. 이 경우에 우리는 메모를 참고하여 사용자가 결국 '쇼핑백'이 '쇼핑카트'라는 사실을 알아냈음을 확인할 수 있었다. 이는 실제로 언어에 문제가 있었다는 것을 시사한다.

영어에서 똑같은 단어가 미국이나 캐나다, 영국에 따라 어떻게 다르게 쓰이는지를 보여 주는 훌륭한 예시가 있다. 미국 사람들은 코스트코나 SUV 크기의 카트를 머릿속에 생각하고 쇼핑카트를 이야기하는데 대중교통이 보편적인 많은 다른 나라에서는 쇼핑백이 더 일반적이다. 이러한 유형의 결과를 바탕으로 용어를 변경해야 하는지 확인하려면 다른 참여자도 비슷한 문제를 겪고 있는지 알아야 한다.

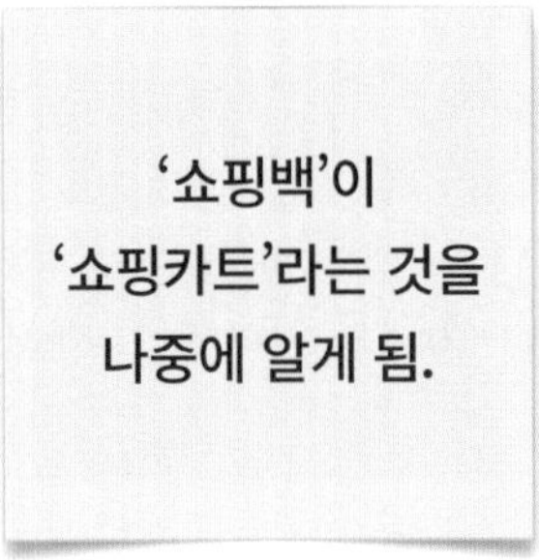

그림 10-3
연구 관찰: 다른 용어를 사용하는 참여자

**'쇼핑백'이
'쇼핑카트'라는 것을
나중에 알게 됨.**

"의자를 찾을 때 '임스미드센추리 라운지 체어'로 검색함."

쇼핑하는 사람들은 보통 임스 체어나 라운지 체어, 미드 센추리 라운지 체어라는 게 있다는 것을 모를 가능성이 많다. 이러한 용어는 사용자가 미드센추리 모던 가구에 특별히 지식이 있는 사람이라는 점을 알려 준다. 이를 통해 특정 분야에 전문성이 높은 고객과 연결되기 위해 우리가 사용해야 하는 언어 유형을 생각해 볼 수 있다. 그리고 해당 분야가 트렌드라면, 우리는 콘텐츠 전문가들에게 보다 정교한 언어를 요청할 필요가 있는 것이다.

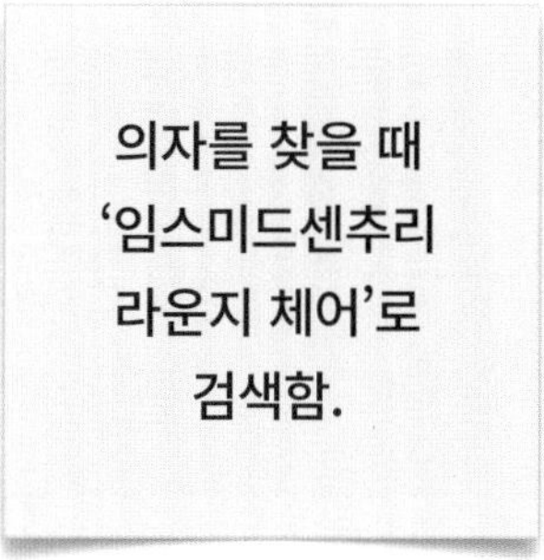

의자를 찾을 때
'임스미드센추리
라운지 체어'로
검색함.

그림 10-4
연구 관찰: 검색 용어는 이 분야에
상당한 지식이 있음을 알려준다.

주의하기

이러한 발견을 너무 문자적으로 해석하는 사람은 "searching(검색)"의 시각적 기능으로 고려할 가능성이 크다. 즉, 찾고자 하는 것을 페이지 위아래로 스캔만 하는 것이다. 그러나 여기서의 "searching"은 검색 엔진에 무언가를 입력하는 것을 의미한다. 항상 그렇듯이 문맥이 확실하지 않으면 메모, 비디오 영상 또는 시선 추적 장치를 활용해서 사용자가 페이지 전체에서 자전거를 검색하거나 검색 엔진에 무언가를 잘 입력하고 있는지 확인을 해야 한다. 특히 메모를 볼 때는 다방면으로 해석될 수 있는 "searching"과 같은 단어를 분명하게 명시했는지 확인할 필요가 있다.

"'느와르 영화'로 검색 결과를 필터링하고 싶다."

이 데이터 포인트는 고객이 영화 산업에 관해서 전문성과 언어의 숙련도, 배경지식에 대한 이해가 있음을 보여준다. 사용자의 멘탈 모델은 결과를 장르에 의해 정리한다. 여기에는 기억의 요소도 함께 작용하는데, 다른 사이트에서도 이와 유사한 정리 방식이 적용될 것을 예측할 수 있다.

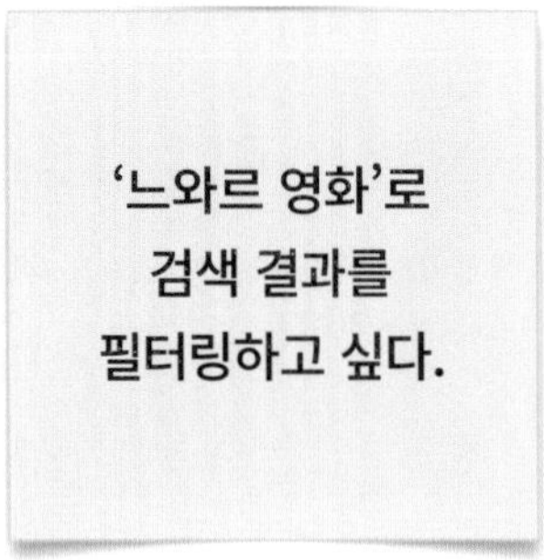

'느와르 영화'로
검색 결과를
필터링하고 싶다.

그림 10-5
연구 관찰: 검색 용어는 영화 산업에 대한 고객의 전문 지식의 수준이 높음을 알려준다.

이를 통해 우리는 잘못된 이름의 버튼에서부터 단어 의미가 지니는 문화적 개념, 상호작용 및 탐색과 관련된 명명법, 정교한 수준의 언어에 이르기까지 다양한 언어 반응을 조금이나마 살펴볼 수 있었다.

고객의 언어를 당신의 웹 또는 앱의 언어와 비교하고, 이것이 디자인에 어떤 영향을 미칠 수 있는지 고려해야 한다. 고객의 언어가 보여 주는 전문 지식 수준에 기인하여, 당신은 초보자와 전문가의 니즈를 모두 반영하는 더 나은 디자인이 필요하다고 결론짓게 될 것이다.

사례 연구: 박물관 & 도서관 서비스 협회

문제: 그림 10-6의 사례는 단순히 내용보다도 링크 명칭이 적절해야 하는 중요성을 보여준다. 우리가 들어 본 적 없을 법한 이 기관은 정부 기금으로 운영되는데 미국 전역의 도서관과 박물관을 지원하는 엄청난 사업을 하고 있다. 기관의 홈페이지를 살펴보면 기관 소개About us, 지원금Grants, 이슈 Issues, 출판 업적Publications, 연구와 평가Research & Evaluation 등 매우 전형적인 이름의 탭이 있다. 우리가 사용자와 함께 점검했을 때 눈에 들어오는 문제는 '이슈' 탭이었다. 사용자들은 이슈가 협회와 관련해서 잘못 돌아가고 있는 상황을 의미한다고 추측했다. 그러나 실제 이슈 탭에서는 협회의 주요한 관심 분야와 미국 전역의 박물관 & 도서관 관련된 주제에 대한 논의를 소개하고 있었다.

결과: 여기서 핵심은 고객의 기대에 맞춘 일반적인 언어와 용어 탐색을 고려할 필요가 있다는 점이다. 앞으로 협회는 이슈 콘텐츠를 내용을 더 잘 전달하는 새로운 이름의 다른 위치로 이동시켜야 할 것이다.

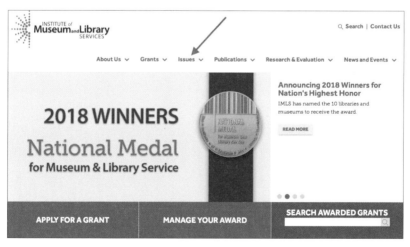

그림 10-6 박물관 & 도서관 서비스 협회의 웹 사이트

적용해 보기

- 인터뷰를 모두 녹음하고 자동화 도구를 사용해서 받아 적는다.
- 단어 사용 빈도와 어휘의 정교함 수준을 측정하여 문제를 이해하는 고객의 수준을 파악한다.
- 사용되는 단어와 어순을 연구 및 관찰한다. 특히 인공지능 시스템을 구축할 때는 적절한 훈련을 통해 특정 구문의 패턴이 올바르게 처리되도록 해야 한다.

Chapter 11.

경로 탐색: 어떻게 목표지점에 도달하는가?

자, 이제 경로 탐색과 관련한 결과로 돌아와 보자(그림 11-1). 2장에서 논의한 내용을 생각할 때 경로 탐색은 공간에서 사용자가 자신이 어디에 있다고 생각하고, 어떻게 상호작용해서 움직일 수 있다고 생각하며 잠재적으로 겪을 수 있는 어려움에 관한 모든 정보다. 디자이너는 사람들이 공간을 어떻게 인식하고 상호작용하는지 알아야 한다.

사막의 개미 이야기를 기억하는가? 그것은 세상이 어떻게 돌아가는지에 대한 이해를 바탕으로 어떻게 집으로 돌아갈 수 있다고 생각하느냐에 관한 것이었다. 마찬가지로 디자이너는 고객의 경로 탐색 과정을 잘 관찰해서 고객이 제품·서비스와 상호작용하면서 생기는 문제를 식별할 수 있어야 한다.

경로 탐색을 염두해 두고 다음 질문의 답을 구해보자.

- 고객은 자신이 어디에 위치해 있다고 생각하는가?
- 고객은 A에서 B의 위치로 어떻게 이동할 수 있다고 생각하는가?
- 고객은 이 다음에 무슨 일이 일어날거라고 생각하는가?
- 그들의 기대는 무엇이고, 그 기대는 무엇에 기반을 두고 있는가?

- 고객의 기대는 인터페이스가 실제로 작동하는 방식과 어떻게 다른가?
- 고객의 기대와 상충하는 인터랙션 디자인의 문제점은 무엇인가?

일반적인 상호작용이 어떤 것인지, 그 다음에 어떤 결과가 나올지에 대한 추측을 통해 고객이 제품과의 틈새를 메우는 방법을 살펴보고자 한다. 특별히 서비스 디자인과 그 흐름에 관해 디자이너는 고객의 기대를 파악하고 결과를 예측함으로써 이들과의 신뢰를 구축하여 기대에 부응할 수 있어야 할 것이다.

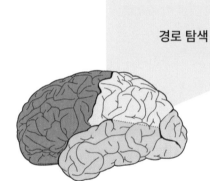

경로 탐색

그림 11-1
경로 탐색: 두정엽을
사용하는 것으로 일반적으로
알려져 있다.

고객은 자신이 어디에 위치해 있다고 생각하는가?

경로 탐색에서 가장 기초적인 부분인 고객이 실제로 자신이 어느 공간에 있다고 생각하는지부터 시작해 보자. 제품·서비스 디자인에서 우리는 가상 공간을 이야기할 때가 많은데 가상 공간이라도 물리적인 공간 개념을 고려하는 것은 유용하다.

그림 11-2 이 쇼핑몰에서 당신의 위치에 대해 어떤 단서를 얻고 있는가?

사례 연구: 쇼핑몰

문제: 목적지에 도착했는지, 도착하지 않은 경우 목적지에 어떻게 도착할지 판단하려면 현재의 위치를 알아야 할 것이다. 그림 11-2을 보면 의자, 천장, 배치 등 모든 것이 획일적이라는 점을 알 수 있다. 심지어 상점들의 이름도 확인이 어렵다. 이 설정은 당신이 어디에 있으며 어디로 가고 있는지에 대한 단서를 제공하지 않는다. 우리가 3장에서 살펴본 스냅챗 문제와 다소 비슷하지만, 물리적 공간에서는 당신이 어디에 있는지 알아낼 방법이 없고, 독특한 단서도 없는 것이다.

결과: 그림 11-2 쇼핑몰의 디자인팀과 이야기할 기회가 된다면 쇼핑몰에 다른 색의 의자나 독특한 부속 건물과 같은 고유한 특징을 더하고 상점들을 보지 못하게 가로막는 기둥을 제거하기를 권장할 것이다. 우리에게 지금 필

요한 것은 우리가 어디에 있고 어느 방향으로 가고 있는지를 알려 주는 단서이다. 가상 공간의 디자인에서도 마찬가지다. 고객이 가상 공간의 어디에 있는지를 알려 주는 시각적인 이정표나 단서가 있는가? 출입문과 출구를 비롯한 주요 지점이 명확하게 표시되어 있는가?

고객은 어떻게 A 지점에서 B 지점으로 갈 수 있다고 생각하는가?

사용자가 제품과 상호작용하는 맥락을 관찰해보면 그들의 경향과 차선책, 그리고 그들이 탐색할 때 사용하는 속임수를 알게 될 것이다. 처음 시스템을 만들었을 때는 기대하지 못했던 일이 생기는 경우도 굉장히 많다.

사례 연구: 검색 용어

문제: 우리는 전문가 도구와 데이터베이스 사용자들이 실제로 고급 도구를 사용하는 동안 유용할 것이라고 생각하는 단어나 구문, 즉 전문 용어를 자주 구글로 검색한다는 사실을 발견하고 놀라웠다. 우리는 세무 전문가 그룹을 관찰하면서, 그들이 우리가 사용하고 있는 도구에서 세금 코드의 올바른 페이지를 찾기 위해서는 특정한 세금 코드 용어가 필요하다고 생각하고 있으며, 시스템을 탐색하여 찾을 수 없다는 사실을 깨달았다. 그들은 세법을 탐색하는 대신, 전문가들이 사용하는 용어를 식별하기 위해 세법의 이름을 구글에 검색하고 도구로 돌아와서 검색창에 해당 용어들을 입력했다. 디자이너로서 우리는 그들이 문제를 해결하기 위해 이러한 방법을 사용한 이유는 전문가 도구를 탐색하는 데 어려움을 겪었기 때문이라는 사실을 알 수 있다.

결과: 제품·서비스를 디자인할 때는 제품뿐만 아니라 최종 사용자가 제품과 함께 사용하고 있는 다른 도움들(검색 엔진은 한 가지 예에 불과하다)도 확인해야 한다. 그들이 어떻게 A 지점에서 B 지점으로 갈 수 있다고 생각하는지에 대한 큰 그림을 완전히 이해하기 위해 이 모든 사항을 고려해야 하는 것이다.

사용자의 기대 기저에는 무엇이 있는가?

당신은 맥락적 인터뷰를 시작하면서 경로 탐색, 언어, 기억 사이에 중복이 많다는 점을 알게 되었을 것이다. 결국 고객은 제품·서비스를 사용할 때 기억을 바탕으로 추측하게 된다.

경로 탐색과 기억을 구분지어 보고자 한다. 우선 기억에 관해서는 경험이 어떻게 작용하는지에 대한 큰 그림의 기대에 대해 이야기하고 있다. 경로 탐색 및 인터랙션 디자인은 공간에서 이동하는 것과 관련된 기대에 대해 이야기한다.

경로 탐색과 기억의 미묘한 차이를 보여 주는 사례가 있다. 일부 새로운 엘리베이터에서는 엘리베이터 밖의 중앙 스크린에 당신이 향하는 층을 입력해야 한다. 그러면 해당 스크린에 당신이 그곳에 가기 위해 어떤 엘리베이터를 타야 하는지 나타나는 것이다. 엘리베이터 안에는 층을 누르는 버튼이 따로 존재하지 않는다. 이는 엘리베이터를 이용하여 로비에서 특정 층으로 가는 방법에 대한 많은 사람들의 전통적인 생각을 위반한다. 비록 저장된 기억을 사용할지라도 이것은 여전히 공간에서의 움직임과 관련이 있기 때문에 경로 탐색의 한 예시로 보는 게 적절하다. 이 경우에 로비에서 5층으로 이동한다고 한다면 전체 참조 프레임이 아닌 인터랙션 디자인에 관한 기억을 부르게 된다.

실생활의 예시

포스트잇 메모로 돌아가서 그림 11-3에서 11-7은 경로 탐색 관련 결과를 분류하는 예시를 보여 주고 있다.

"검색 기능에 자동 검색 옵션이 있을 것 같다."

공간에서 이동하는 개미와 비교할 수는 없지만, 나는 이 코멘트가 상호 작용 디자인과 관련이 있다고 생각한다. 기억을 의미하는 '기대된다'는 표현이 내포되어 있는 듯 보이지만, 포괄적인 의미는 A 지점(예: 검색 기능)에서 B 지점(예: 관련 검색 결과)으로 가는 방법이다.

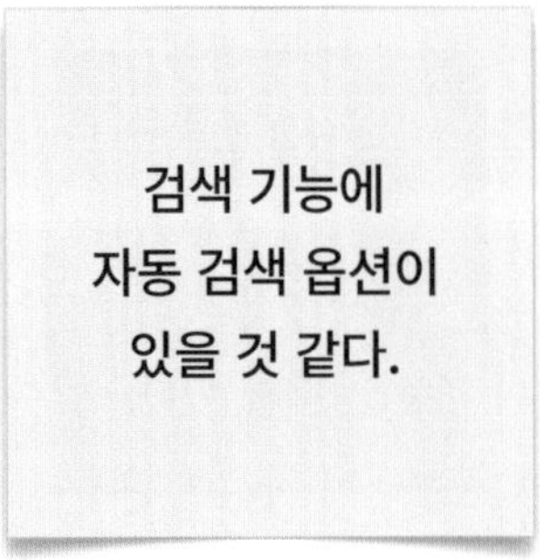

그림 11-3
연구 관찰: 검색 상호작용에 관한 기대

검색 기능에
자동 검색 옵션이
있을 것 같다.

"책 표지를 클릭하면 목차가 나올 것 같다."

해당 코멘트는 인터랙션 디자인에 관한 기대이다. 사용자는 책 표지를 클릭했을 때 원하는 구체적인 기대가 있다. 이러한 통찰이 전자책에 당장 적용될 수는 없을지라도, 사용자의 기대를 이해하는 것은 언제나 유용한 결과를 낳는다.

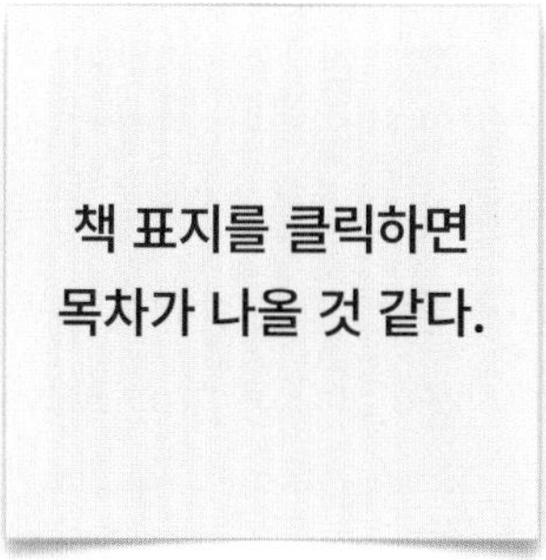

그림 11-4
연구 관찰: 전자 상거래 상호작용에 관한 기대

책 표지를 클릭하면
목차가 나올 것 같다.

"스마트폰처럼 터치해서 넘길 수 있다고 기대한다."

해당 코멘트는 디지털 세대와 함께 일할수록 자주 보게 되는 경로 탐색의 예시이다. 디지털 세대는 대부분의 일을 스마트폰으로 처리한다. 그래서 이들은 탐색할 때 스마트폰처럼 터치해서 넘겨 볼 수 있다고 기대한다. 오늘날은 넘기는 방식의 기대가 점차 표준화되고 있다. 디자이너들은 이 점을 잘 고려해야 한다. 여기에는 기억/참조 프레임 요소가 존재한다는 주장도 있지만, 나는 여전히 이러한 문제는 가상 공간에서 이동하는 방법과 인터랙션 디자인에 관한 기억에 의한 것이라고 생각한다.

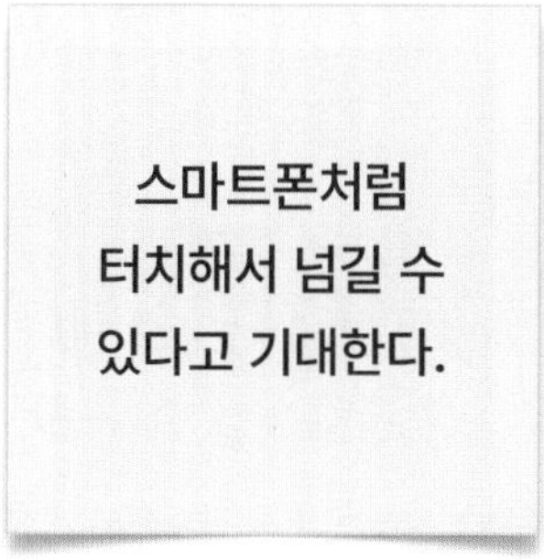

그림 11-5
연구 관찰: 스마트폰 상호작용은
다른 인터페이스의 표면에서도 기대된다.

스마트폰처럼
터치해서 넘길 수
있다고 기대한다.

"음성 명령이 작동하지 않아서 실망이다."

이 코멘트는 인터랙션 디자인에 관한 온당한 지적이다. 사용자는 어딘가를 클릭하거나 전화기를 흔들면 무언가가 발생할 것으로 기대하는 것에 더하여 음성 상호작용도 사용하기 원한다. 경로 탐색이 단순하게 공간에서의 물리적인 작용이 아니라 그 이상이라는 것을 보여 주는 좋은 예시이다. 여기에 언어적 요소가 있다고 주장할 수도 있지만, 사용자가 음성 명령을 이용할 수 있다고 기대하는지 사실 확신할 수는 없다. 기능이 있으면 사용자가 더 좋아할 것으로 추측할 뿐이다. 다른 도구의 기억이 실망의 원인이 되는지 알려면 더 많은 데이터를 얻어야 할 것이다.

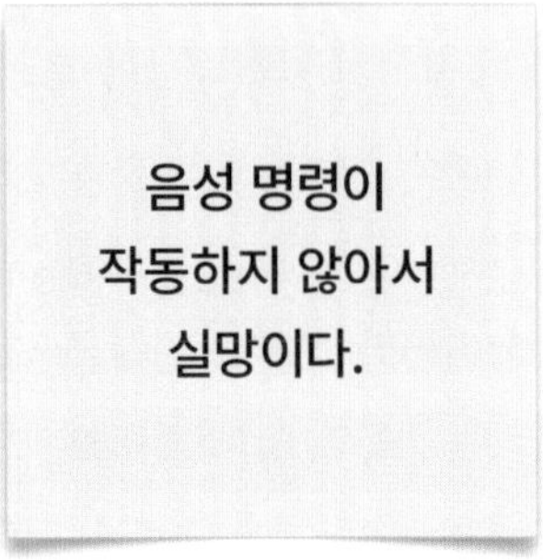

음성 명령이
작동하지 않아서
실망이다.

그림 11-6
연구 관찰: 참여자는
음성 기반 상호작용을 원했다.

"영화를 클릭하면 실제 영화가 아닌 예고편이 나올 것으로 기대한다."

구체적인 기대가 있다. 사용자는 영화를 클릭했을 때 예고편이 나오거나(사용자가 원하는 방식) 실제 영화가 재생될 것이라고 생각한다. 만약 예고편 옵션이 따로 주어지고 이로 인해 어떠한 이유로 사용자가 경로 탐색에서 길을 잃게 된다면 우리는 이 문제를 시각적 문제로 재분류해야 할 것이다.

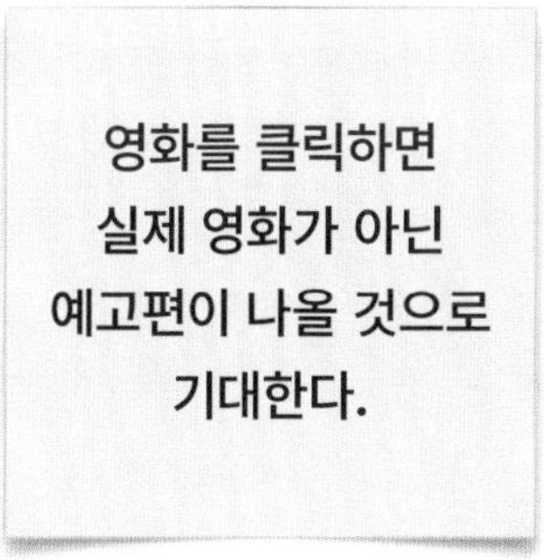

그림 11-7
연구 관찰: 과거 경험을 토대로 한 기대

영화를 클릭하면
실제 영화가 아닌
예고편이 나올 것으로
기대한다.

그림 11-7
연구 관찰: 과거 경험을 토대로 한 기대

사례 연구: 영화 감상

문제: 나는 한 연구를 통해 참가자들이 그들의 스마트폰과 TV를 보는 것을 통해 그들이 어떻게 로쿠에서 훌루, 스타즈, ESPN 등의 다른 채널로 이동하는지 관찰할 수 있었다. 이 연구에서 우리는 참여자(그림 11-8에서 보이는 바와 같이 시선 추적 안경을 착용하고 있음)가 인터페이스에서 어떻게 이동할 수 있다고 생각하는지에 관해 관심이 있었다(원격 음성 인식으로 대화하는가? 화면에서 무엇을 클릭하는가? 화면을 터치해서 넘기는가? 이 밖에 어떤 다른 행동을 하는가?).

결과: 두 가지 사실이 분명하게 다가온다. 첫째, 단편적인 디자인 스타일은 별로 좋지 않다. 사용자가 화면에서 실제로 어떤 요소를 선택했는지 알기 어려운 경우가 많아서 인터페이스상에서 그들이 어디에 있는지 알기에는 어려움이 있다. 둘째, 로쿠는 다른 플랫폼들보다 훨씬 경로 탐색에 있어서 뛰어났다. 바로 뒤로가기 버튼 때문이다. 인터페이스나 채널에서 사용자가 어디에 있더라도 뒤로가기 버튼은 정확히 같은 방식으로 작용했다. 이는 사이트 탐색에 대한 고객의 예측과 일치하는 훌륭한 사례이다.

그림 11-8
텔레비전 기반의 인터페이스에서
사용자 관심 연구를 위해 머리에
착용하는 시선 추적 장치

적용해 보기

- 시스템을 사용하기 전에 사용자에게 시스템이 어떻게 작동할 것으로 예상하는지와 그 이유를 묻는다. 사용자 기대에 관해 많이 알게 될 것이다.

- 맥락적 인터뷰 내내 이런 질문을 한다. 앞으로 어떻게 될까요? 다음에 어떻게 해야 할까요? 실수하면 어떻게 될까요? 작동되는지 어떻게 알 수 있을까요?

- 한 단계 더 나아가 사회자는 이런 질문을 할 수 있다(답을 알고 있지만 설명하지 않는 경우도 많다). 예상했던 그대로인가요? 이유는 무엇인가요? 어떤 일이 생길 거라고 예상했나요? 상황이 놀라웠나요?

Chapter 12.

기억: 예상과 다름을 채우기

12장에서는 고객의 의미 연상을 고려하고자 한다. 단어와 그 의미뿐만 아니라 고객의 편견과 기대에 관해서도 다루도록 하겠다(그림 12-1).

다음과 같은 문제를 포함해서 질문할 것이다.

- 타깃층이 사용하는 참조 프레임은 무엇인가?
- 고객이 찾으려고 기대하는 바는 무엇인가?
- 고객은 전체 시스템이 어떻게 작동할 것으로 기대하는가?

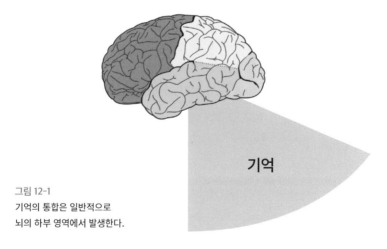

그림 12-1
기억의 통합은 일반적으로
뇌의 하부 영역에서 발생한다.

- 고객의 편견은 전문적 지식의 편견과 어떻게 다른가?
- 고객의 기대에 응하고 있는지 확인하기 위해 우리가 할 수 있는 변경은 무엇인가?

마음속 의미

3장에서 언급한 고정관념의 개념으로 돌아가 보자. 고정관념은 앞에서 이야기한 것처럼 내가 믿고 있는 전형적인 해석으로서 늘 부정적인 것은 아니다. 어떤 장소나 도구가 어때야 한다는 생각에서 어디에 가면 어떤 것을 경험하게 될 것이라고 하는 생각까지 무엇이든 고정관념이 될 수 있다.

맥도날드에서 식사하는 경험을 예로 들어보자. 맥도날드에서 무엇을 경험할 것으로 기대하는지 물어봤을 때 하얀 식탁보에 웨이터를 생각할 사람은 거의 없다. 줄을 서서 주문하고 계산대에서 음식을 가져가기 위해 기다리는 장면을 기대할 것이다. 현대적인 맥도날드라면 터치스크린 화면에서 주문하는 시스템을 예상할 수도 있다. 지인 중에 최근에 맥도날드에 식사를 주문하러 가 보았는데 테이블 번호를 받고 테이블에 앉아 있으면 식사를 가져다주는 것을 보고 놀랐다고 한다. 이러한 경험은 패스트푸드 음식점이 어떻게 돌아갈 것이라는 고객의 기대를 무너뜨린다.

고정관념에 관한 또 다른 예시가 있다. 온라인으로 핸드폰 충전기와 자동차를 구매하는 상황을 떠올려 보자. 핸드폰 충전기를 사려면 먼저 제품을 고르고 배송 장소와 결제 정보를 입력한 후 구매를 결정하면 며칠 후에 택배를 받는 상황을 기대할 것이다. 반면 자동차 모델을 살 때는 자동차를 온라인에서 고르겠지만 온라인으로 구매를 바로 결정할 것으로 기대하지는 않는다. 대리점에 방문해서 차를 보러올 시간을 약속하려고 자동차 판매원이 고객의 연락처를 묻는 상황을 예상할 것이다. 이렇게 두 가지 매우 다른 사례에는 구매를 위한 상호작용이 어떨 것이라는 고객의 기대가 잘 나타난다.

사례 연구: 제품 생산 vs 사업 경영

문제: 우리는 다양한 자영업체와 프로젝트를 진행하면서 고객이 대체로 두 가지 유형 중 하나에 속한다는 점을 발견했다.

1. 열정적인 생산자

이들은 제품을 생산하는 작업을 매우 좋아하지만, 돈 버는 데에는 관심이 없다. 최선을 다해 최고의 제품을 만들어 내는 이들의 작업 방식을 좋아하는 사람들도 있다. 이들은 고객과 인간적인 관계를 형성하고 싶어 한다.

2. 사업 관리자

이들은 자신이 무엇을 팔던 제품의 품질에는 별로 관심이 없다. 사업을 운영해서 효율적으로 만드는 데 매우 많은 생각을 한다. 고객 관리는 따로 하지 않는다.

결과: 우리는 곧 소규모 자영업자들의 기대가 반드시 하나만은 아니라는 것을 알게 되었다. 오히려, 여기에는 전문 지식과 기대에 관한 매우 다른 두 가지 패턴이 있었다. 한 그룹은 수입 창출 전망을 살피는 것을 좋아했지만, 다른 그룹은 거기에는 별로 관여하지 않았다. 한 그룹은 고객 관리 업무에 능했고, 다른 그룹은 고객 관리와 상관없이 뒤에서 일하는 것을 선호했다. 각 그룹은 서로 다른 전문 지식을 가지고 있었기 때문에 각각의 강점에 맞는 제품, 서비스 및 언어가 필요했다. 이 이야기는 당신이 가지고 있는 다양

한 유형의 고객을 식별하는 것이 당신의 디자인에 실제로 도움을 줄 수 있음을 보여 준다. 더 자세한 고객 세분화에 관한 이야기는 3부에서 이어진다.

종합적으로 생각하기

사람들이 가지고 있는 기대의 모든 면을 고려하고자 한다. '무엇이 보여야 하고, 어떻게 작동되어야 하며 과정에서 다음 단계로 가려면 이렇게 해야 한다'와 같이 일반적으로 고객이 전체 시스템이 어떻게 작동할 것이다라고 생각하는 기대가 있다. 나는 초보자의 기대가 전문가의 기대와 얼마나 다른지 살펴보고자 한다. 언어에 관해 지금까지 논의한 것처럼 사용자 수준의 기대에 부응하는 것은 매우 중요하다.

사례 연구: 세금법

문제: 우리는 한 의뢰인을 위해 세무조사를 수행하는 회계사와 변호사를 관찰했다. 정보는 역사적으로 출판물 유형(예: 저널, 도서 등)에 따라 구성되었지만, 최종 사용자의 기대와 머릿속에서 일어나는 정리는 매우 다른 차원으로 구성되었다(예: 미국 세금법 vs 국제 세금법, 토지세 vs 법인세, 세금가이드 vs 세금법 등). 사용자가 활용할 수 있는 인터랙션 모델은 그들이 찾고 있던 다차원적 표현과 일치하지 않았다.

결과: 이 그룹에 유용한 도구를 만들기 위해 사용자의 생각과 일치하도록 모형을 수정할 필요가 있었다(그림12-2).

당신의 타깃 고객은 생각하고 있다…

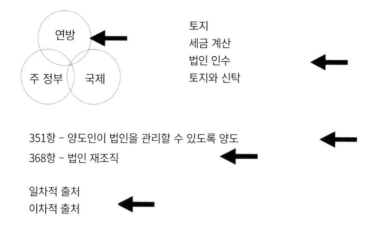

그림 12-2 세무 관련 전문가는 세금법 정보를 다차원적으로 정리한다.

실생활의 예시

포스트잇 메모 이야기로 돌아와서 기억과 우리 마음의 색안경에 의한 결과를 함께 생각해 보자(그림 12-3, 12-4, 12-6).

"스티치픽스처럼 나를 잘 파악해 줬으면 좋겠다."

해당 코멘트는 참조 프레임과 관련이 있다. 스티치픽스는 매월 옷을 보내주는 의류 서비스이다. 고객이 자신의 일반적인 패션 스타일 느낌을 알려 주면 스티치픽스는 전문가와 컴퓨터가 생성한 데이터를 사용해서 적절한 옷을 주문한다. 이후 주문된 옷들을 집에서 입어 본 다음 마음에 드는 제품만 구매하고 나머지는 반송하는 형태의 서비스다. 여기에는 감정이 작용하는 부분이 있다. 사용자는 어떠한 도구를 사용할 때 자신을 알아주는 느낌을 받고 싶어 하며 최고 품질의 전문적 고객 경험을 기대하는 듯하다. 하지만 이 연구 결과의 핵심은 도구에 접근하는 사용자의 전반적인 참조 프레임에 있다. 사용자가 기대하는 인터랙션 디자인을 알면 사이트에서 사용자가 실제로 무엇을 보는지 확인하는 데 유용하다.

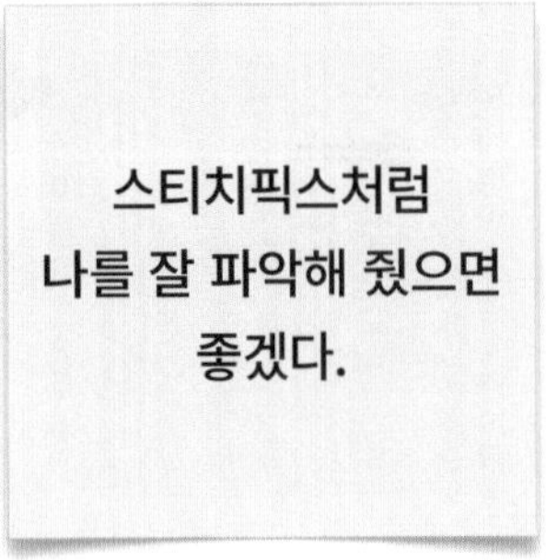

그림 12-3
연구 관찰: 다른 사이트 경험을 근거로 한 광범위한 기대

"계산대를 찾는 방법을 모르겠다."

해당 코멘트는 사용자가 물리적으로 가야 하는 메이시 백화점 계산대 같은 곳을 생각하는 것처럼 들린다. 사용자가 무엇을 찾고 있지만 찾지 못하니까 시선의 문제라고 주장할 수 있다. 계산대라는 곳을 특정하게 찾고 있으니까 언어 문제라고 볼 수도 있겠다. 어딘가로 가는 문제와 관련이 있으니 경로 탐색의 문제로 볼 수도 있다. 아니면 기억의 문제일까? 정답은 없지만 할 수 있다면 비디오 영상이나 시선 추적 장치 데이터를 참고하기 바란다. 여기서의 핵심은 사용자의 관점이 웹 사이트가 제공하는 것과 크게 달라 기억과 기대의 문제를 내포하고 있다는 점이다.

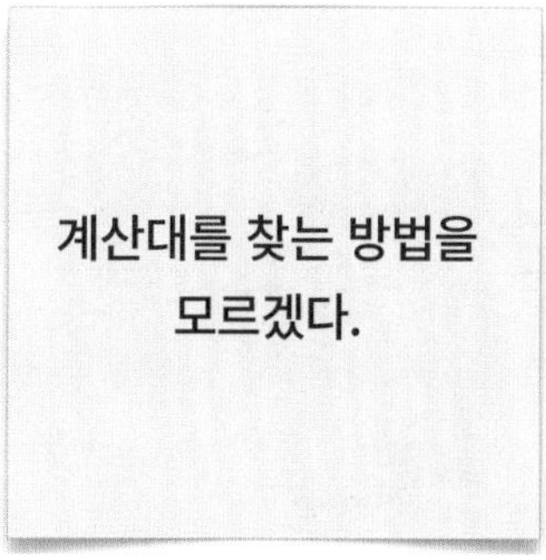

계산대를 찾는 방법을
모르겠다.

그림 12-4
연구 관찰: 참여자의 기대는
현재 디자인과 일치하지 않는다.

이런 코멘트는 웨이백 머신Wayback Machine이라고 하는 꼭 확인해 볼 만한 재미있는 도구를 생각나게 한다. 웨이백 머신은 인터넷 기록 보관소로 웹 사이트의 구버전이 처음 나왔을 때로 돌아가서 둘러볼 수 있다. 계산대와 관련한 아이디어는 사우스웨스트 항공사의 홈페이지 초기 버전을 생각나게 한다(그림 12-5).

보이는 바와 같이 사우스웨스트는 실제 계산대의 물리적인 특성을 갖춘 초기 웹 다자인과 잘 호환되려고 매우 애썼다. 그리고 결과적으로 실제적인 표현이 과하게 들어간 저울, 신문, 계산대 모습으로 나타나게 되었다. 이 모든 특징은 계산대가 어떨 것이라는 구체적인 표현을 굉장히 잘 표현한다. 디지털 인터페이스가 이러한 유형의 문자적 표현을 포기했다고 하지만, 기대가 계산대 시절과 더 일치할 수 있는 나이든 고객을 위해 디자인할 때 이전의 행동 패턴을 염두에 둘 필요가 있다.

그림 12-5 사우스웨스트 항공사의 첫 번째 웹 사이트 개편 모습

생각해 볼 거리

'계산대를 찾을 수 없다'라는 코멘트는 너무 고유하고 한 참여자만 언급한 점이기 때문에
이 의견은 우리 디자인 작업의 특정 아이템에 반영하지 않을 것 같다. 피드백을 모두 검토
하면 개인에 한정된 문제고 참여자 전체가 보이는 패턴이 아니라고 이해하게 될 것이다.
개인의 의견을 전체 맥락에서 살펴보면 이 사람은 쇼핑을 많이 안 해본 사람이라는 점을
알 수 있을 것이다(자세한 내용은 3부의 고객 세분화에서 살펴보려고 한다).

"영화의 로튼 토마토 지수를 볼 수 있을 것이다."

이 코멘트는 다른 사이트에서 작품 평가가 어떨 것이라는 기대와 제품
의 사용자 경험에 영향을 미치는 기대가 있음을 지적한다. 이 사례는
문자 그대로 읽으면 잘못 이해할 수 있는 또 다른 예시가 된다. '볼 것

으로 기대한다'라는 말에서 '보다'를 시선으로 잘못 해석하지 않도록 주의하자. 이 경우에 중요한 핵심은 사용자의 기억과 기대가 동일선상에 있어야 한다는 점이다. 기대라는 게 결정을 하고자 하는 마음과 연관되기 때문에 기억이 아니면 의사 결정 범주에 속할 수 있다고 생각할 수도 있다.

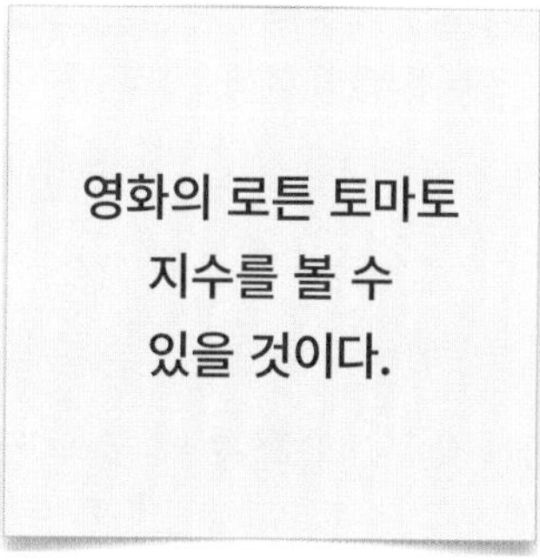

영화의 로튼 토마토 지수를 볼 수 있을 것이다.

그림 12-6
연구 관찰: 과거 경험을 참조하는 참여자는 문자 그대로 똑같은 내용이 아닌 기억에 상응하는 기대 같은 것을 원한다.

알게 될 수 있는 정보

현재까지 우리의 활동을 통해 도구, 제품, 기업에 관해 사용자가 가지는 기대를 살펴봄으로써 사용자과 제품과 어떤 상호작용을 하는지, 제품을 어떻게 사용하고자 하는지, 개발자에게 기대하는 고객 서비스 수준은 어떤지 알아보았다. 이러한 기대는 우리가 평상시에 기억으로 찾고 있는 것들이다. 우리는 고객의 생각을 표현하는 단서에 놀라는 순간과 고객의 동기 유인이 되는 기억을 찾아야 한다. 우리는 또한 고객의 언어와 숙련도가 사용자의 기대를 암시하는 정보도 이야기했다.

우리는 사용자의 멘탈 모델을 이해하고, 우리의 제품·서비스에 직관을 발휘할 수 있도록 해야 한다. 적절한 멘탈 모델을 활성화하면 최종 사용자는 필요한 행동을 하기 위해 다른 상황을 통해 생겼던 개념적 이해를 끌어올 수 있게 된다. 이렇게 되면 우리의 제품과 서비스에 고객의 신뢰가 형성되는 데 도움이 된다.

사례 연구: 리서처의 타임라인

문제: 한 명의 고객을 위해 우리는 교수, 연구원, 대학원생, 박사 과정을 마치고 일자리를 찾고 있는 신규 구직자 등이 사용하는 링크드인이나 페이스북 같은 네트워킹 사이트를 살핀다. 알다시피 페이스북을 통해 사용자의 결혼 여부, 출신학교, 자라난 고향, 좋아하는 영화 취향을 알아낼 수 있다. 학계의 경우라면, 멘토의 명단을 만들거나 출판업적, 실험실에서 공동 연구를 진행 중인지도 알고 싶을 것이다. 페이스북에는 연구자의 일상과 업무를 보여 주게 되는 단서가 많이 있다는 점을 알 수 있다.

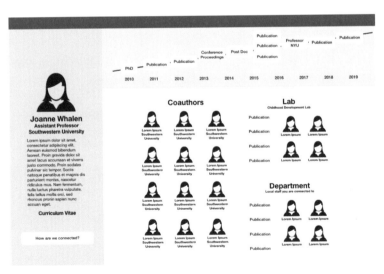

그림 12-7 학술적인 프로필에 관한 가상 웹 페이지

결과: 맥락적 인터뷰는 조교수가 대학원에 지원할만한 학생을 볼 때 무엇을 보고 싶은지에 대해 학과장이 매우 다른 방식으로 채용에 지원하는 사람의 결과를 검토하는 방법을 알려준다. 우리는 보고 싶은 정보의 범주에 관한 사용자의 기대와 정보가 어떻게 배열되어야 하고 전형적인 이력서와 어떻게 달라야 하는지에 관련해서 많은 점을 알게 되었다(그림 12-7).

적용해 보기

- 기대에 함축적인 정보원에 대해 소비자에게 묻는다. 기대의 바탕이 되는 생각은 무엇인가요? 이런 식으로 적용되는 다른 무언가를 사용해 본 적이 있나요?
- 단순하게 고객의 페르소나persona(가면, 인격. 타인에게 파악되는 자아)만 만들지 않고 (구체적으로는 3부에서 자세히 알아보기로 하자) 언어 사용이나 무엇이 어떻게 되어야 한다는 기대, 문제를 어떤 관점에서 보고 있는지 등에 관해 통합적으로 가정해서 고객을 파악한다.
- 시각적 관심의 편견과 사용자가 기대하는 말이나 행동, 단어 사용과 단어로 연상되는 말의 의미, 문장의 통사적 구조, 시스템에서 기대하고 있는 응답, 사용자가 기대하는 흐름을 문서로 기록한다.
- 이 모든 것을 고려하면 최종 사용자의 필요에 부합하는 시스템을 어떻게 최적화할 수 있는지 강력한 해결책을 찾을 수 있을 것이다.

Chapter 13.

의사 결정: 문제 해결을 위한 여정

의사 결정에서 고객이 정말 해결하려는 문제는 무엇이고 이런 과정에서 고객이 무엇을 결정해야 하는지 함께 알아보려고 한다(그림 13-1). 고객이 성취하고자 하는 목표는 무엇이며 결정적인 순간에 마음을 정하는 데 필요한 정보는 무엇일까?

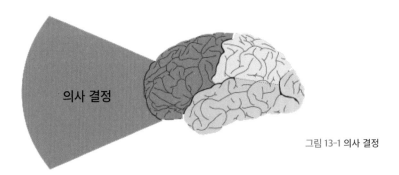

의사 결정

그림 13-1 의사 결정

의사 결정을 할 때 우리는 이런 질문을 할 것이다.

- 사용자가 이루고자 하는 것은 무엇인가?
- 전반적인 의사 결정 과정은 어떠한가?

- 의사 결정과 문제 해결에 필요한 사실은 무엇인가?
- 문제 해결 단계마다 필요한 것은 무엇인가?
- 언제 고객이 압도되어 '간신히 만족하는' 것으로 보이는가?
- 기본으로 설정하는 중립적이고 개념 있는 대안은 무엇인가?

목표와 여정

초기 상태에서 최종 목표에 도달하려면 고객이 달성해야 하는 모든 하부 목표에 집중하기를 원한다. 예를 들어 고객의 최종 목표는 케이크를 만드는 것일 수 있지만, 케이크를 만드는 과정에서 몇 가지 단계를 거치는 여정을 경험하게 된다. 먼저, 요리법을 찾고 재료를 모두 구해서 요리 방법대로 만들어야 한다. 요리 방법에도 많은 단계가 있다. 오븐에 불을 켜서 적당한 크기의 팬을 꺼내 밀가루를 채에 거르고 마른 재료를 한데 섞는다. 우리는 제품에 관여하는 구체적인 모든 단계를 하나하나 확인하고 최종 고객이 마지막으로 하는 의사 결정이나 목표 달성을 지원할 방법을 찾고자 한다.

사례 연구: 전자 상거래 결제

문제: 한 의뢰인을 위해 우리는 페이팔, 스트라이프 등 전자 상거래 결제 수단을 정하려는 그룹을 관찰했다. 사람들로부터 인터뷰를 통해 질문 모음과 걱정거리를 수집해서 모두 포스트잇에 적어 두었다. '도움이 필요하면 어쩌죠?' '동작은 어떻게 시키죠?' '보안 문제에는 어떤 게 있을까요?'와 같은 것들이다. 이런 결제 수단 중에 하나로 진행하려고 하기 전에 구체적으로 결정할 사항과 사람들이 대답하기 원하는 질문이 매우 많다.

결과: 이처럼 각각의 하위 목표를 파악함으로써, 적절한 디자인을 통해 고

객의 여정을 지원하고 그들의 질문에 적시에 답변할 수 있다. 이를 통해 고객은 당신의 제품·서비스를 신뢰하고 올바른 의사 결정을 내릴 수 있게 된다. 결과적으로 고객은 정보에 입각하여 결정하는 방법을 터득하여 전반적으로 더 좋은 경험을 할 수 있게 되는 것이다.

시기에 알맞은 니즈

5장을 통해 사람들이 의사 결정에서 이상적이지 않은 심리적 효과에 매우 영향받기 쉽다고 한 게 기억날 것 같다(차량을 구매할 생각이 없을 때 내가 굳이 시승 안 하는 이유도 이 때문이다). 결정할 게 많아서 어쩔지 모를 때 선택할 수 있는 상황에 만족하며 결국 기본 설정을 골라 최소한도로 만족하게 되는 경우가 많다. 199달러짜리 믹서기와 499달러짜리 믹서기를 보여 주었을 때 사람들이 349달러짜리 믹서기를 사게 되는 이유이다. 중간적인 선택을 고르면 합리적으로 보인다. 제품·서비스 디자이너로서 우리는 고객을 위해 현명한 선택이 무엇인지를 고려하면서 문제를 바라보는 전형적인 방식을 기억해야 한다.

사례 연구: 교사의 시간표

문제: 우리는 평생교육을 가르치는 기술과 전략을 개선하기 위해 한 해 동안 교사 그룹을 관찰하며 이들이 다른 시간에 무엇을 추구하였는지 살펴보았다. 이를 통해 우리는 시기에 따라 교사가 원하는 지원이 크게 달라진다는 점을 알 수 있었다.

결과: 여름 방학에 교사들은 교육 철학 관련 개념과 핵심 연구를 공부하며 많은 시간을 보냈다. 여름 방학은 교사가 자기 계발에 집중하며 자신이 왜

기간제 교사
세바스찬

	SUMMER	MONTH BEFORE SCHOOL	START OF LESSON BLOCK	2-3 WEEKS BEFORE A CLASS	WEEK OF CLASS WEEK AFTER
CONCEPTUAL					
PRACTICAL					
ACTIONS	Study curriculum, review existing resources (mine, Google drive).	Set up classroom, review goals, participate in classroom management exercises.	Review concepts and purpose of lesson block.	Hand in lesson plans. Review lectures with instructional coaches.	Teaching assessment done. Managing class, adapting quickly, managing parent needs
NEEDS	Take teaching up a level. This is the only time he can do a deep dive.	Collect new additional materials (supplemental worksheets).	Want to lead more of content discussion. Thinking about last lesson block (Videos, strategy).	Videos of lectures. Materials for lectures.	How to divide up class. Worksheets/activities for breakout groups
OPPORTUNITIES	Introduce more advanced instruction.	Refresh on KIPP core concepts and teaching style.	Deeper understanding of foundations of lesson block.	How to identify challenges in a lesson.	How to fix what didn't work

그림 13-2 한 학년 동안 교사의 관심과 흥미를 보여 주는 여정 지도

특정한 교수법을 사용하는지 그 이유를 신중하게 생각하며 보내기에 적합한 시간이었다. 하지만 교사들은 새 학기가 시작하기 전에 개념적인 발전을 원하다가 나중에는 매우 실용적인 정보를 원하게 되었다. 방학이 끝나면 학생들은 곧 학교에 나타날 것이고, 교사들은 학생과 학부모를 동시에 관리해야 했다. 교사들은 이맘때쯤 연습문제지와 같은 실용적인 정보들을 필요로 했다. 교사가 정해야 하는 구체적인 결정은 "연습문제지를 인쇄할 수 있나요?" "연습문제지를 다 인쇄해야 하나요?" 또는 "크롬북에서 연습문제지를 이용할 수 있나요?"와 같은 것들이었다. 한 학년 동안 선생님은 방대한 정보에 눌려서 이유와 방법을 생각하지 않아도 되는 기본 설정에 만족할 때가 많았다. 우리는 이런 결과를 바탕으로 시기에 따라 매우 다른 유형의 콘텐츠를 추천할 수 있었다.

과정을 보여 주는 의사 결정 여행

우리는 자동차 구매를 할지 말지 고민하는 고객의 전체적인 과정을 알고자 한다. 그 과정에서 자잘하게 이루어지는 세부 결정 또한 함께 알기 원한다. 이는 '컵 홀더가 있나요?' '아이가 차를 타면 기뻐할까요?' '보드를 차에 실을 수 있을까요?' 등의 질문을 통한 셜성일 것이다.

　구체적으로 결정할 때 정보의 타이밍은 매우 중요하다. 질문이 일단 파악되면 고객이 이런 질문을 하나하나 다룰 필요가 있는지 우리도 알고 싶다. 대체로 한 번에 끝나는 일이 아니라 결정 과정에서 한 번에 하나씩 해결해야 한다. 예를 들어 대부분의 전자 상거래 사이트에서 배송 정보를 마지막에 배치하는 이유는 바로 이 때문이다. 살펴보는 단계에서 처음부터 너무 많은 정보를 늘어놓지 않는다.

　우리는 시스템에서 상호작용하면서 문제를 해결할 수 있도록 사용자가 어떤 생각을 하는지 알고 싶다. 인지신경과학에서, 우리는 '문제 공간의 조작자'에 관해 이야기한다. 이는 우리가 현재 있는 곳에서 특정 위치로 가기 위해 머릿속에서 움직일 수 있다고 생각하는 레버를 의미한다. 실제적인 문제 공간은 주제나 전문성에 따라 고객이 상상하는 것과 같을 수도, 다를 수도 있다.

실생활의 예시

포스트잇 메모 문제로 다시 돌아가 보자. 여기 의사 결정에 관한 흥미로운 연구 결과가 있다(그림 13-3에서 13-7).

"걱정: 5천 달러에 구매한 의자가 운송 중에 파손되면 어쩌지?"

이 사람은 기본적으로 운송과 취급 문제에 해답을 얻기 전까지 구매를 안 할 것이라고 말하고 있다. 감정적인 걱정이나 두려움이 있다고 생각할 수 있지만, 사용자의 의사 결정 과정에서 해결해야 할 문제 중에 가장 중요한 측면이라고 말하고 싶다. 구매 버튼을 누르기 전에 구매를 가로막는 요소가 있는데 고객 만족을 위해 이러한 부분은 해소되어야 한다.

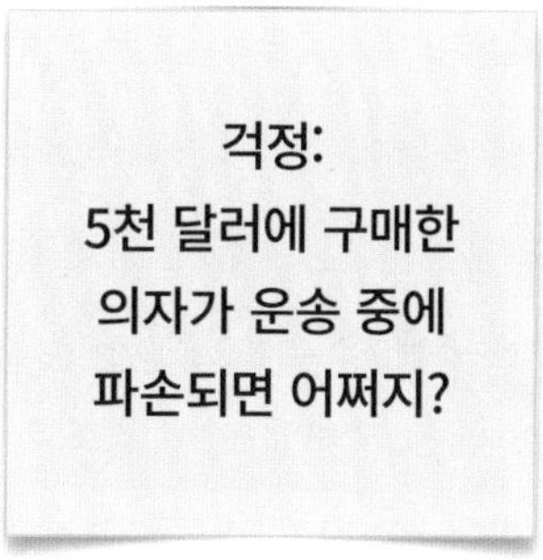

그림 13-3
연구 관찰: 고객이 구매 버튼을 누르지 않는 이유

걱정:
5천 달러에 구매한
의자가 운송 중에
파손되면 어쩌지?

"제품 페이지에 쿠폰의 가격이 반영되어 있지 않아서 놀랐다."

전자 상거래에서 이런 유형의 코멘트를 많이 보게 된다. 실제적인 쇼핑 상호작용에서 우리는 일반적으로 돈을 내기 전에 할인 쿠폰을 점원에게 건넨다. 전자 상거래 사이트에서 상호작용이 다르게 주문되면 할인 되는지 확신이 없어서 물건을 선뜻 사기가 어렵다. 그러면 정가대로 물건을 사고 싶은 마음이 갑자기 뚝 떨어진다.

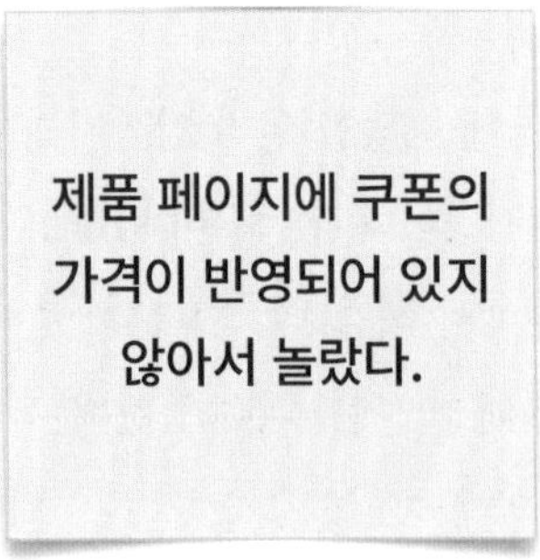

제품 페이지에 쿠폰의
가격이 반영되어 있지
않아서 놀랐다.

그림 13-4
연구 관찰: 쇼핑 흐름에서 예상되는 기대에
맞추는 것의 중요성

"페이팔로도 거래할 수 있는지 바로 알고 싶음."

사용자가 더 진행하기 전에 알고 싶어 하는 정보로 구체적인 결정의 또 다른 예시가 있다. 본인이 선호하거나 믿음이 가는 결제 방법이 따로 있는 사람들이 많으므로 우리는 결제 정보를 나중에 입력하게 설계하는 경향이 있지만, 이런 피드백은 소비자에게 우리가 받는 결제 수단을 미리 알릴 필요가 있음을 시사한다. 이는 소비자가 더 진행할 의사가 있는지 미리 확인해야 하는 또 하나의 구체적인 고려 사항이기도 하다.

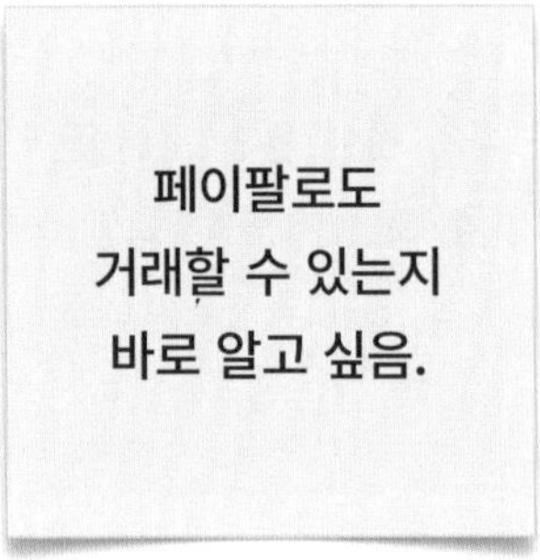

그림 13-5
연구 관찰: 구매 전에 해야 하는 구체적인 결정

페이팔로도
거래할 수 있는지
바로 알고 싶음.

"노트북으로 구매한 영화를 텔레비전으로 쉽게 보내고 싶다."

이는 문제 해결의 좋은 전통적인 예시이다. 사용자가 문제를 어떻게 해결하고 문제 공간에서 어떻게 이동하고자 하는지를 보여준다. 문제는 시청하는 것보다 영화를 구매하는 데 다른 도구를 어떻게 사용할 것인가이다. 여기에 어떤 인터랙션 디자인이 작용해서 문제를 해결하는 경우에는 가장 높은 수준의 문제가 될 수 있다.

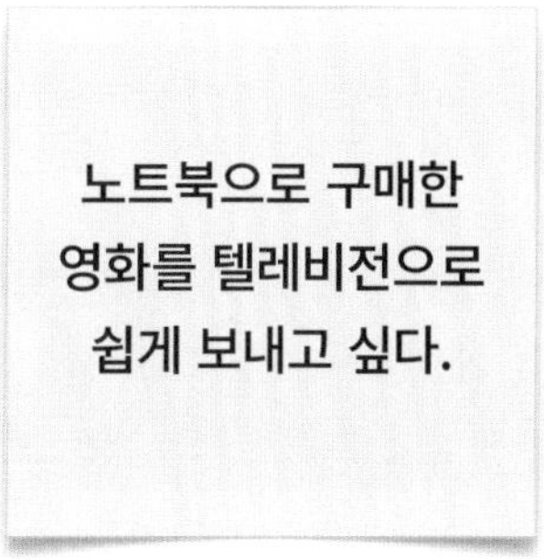

그림 13-6
연구 관찰: 고객이 해결하려고 하는 구체적인 문제

노트북으로 구매한
영화를 텔레비전으로
쉽게 보내고 싶다.

"내가 무엇을 보고 있는지 부모님이 몰랐으면 좋겠다."

이 고객은 의사 결정 단계에서 개인 정보 설정을 걱정하고 있었다. 서비스를 사용하기 전에 부모님이 공포 영화를 보는 것을 모르는지 확인하고 싶었던 것 같다. 로그인 기록 같은 개인 정보, 사생활 보호 수준, 이 데이터를 누가 다운로드하는가는 빅 데이터 세계에서 현재 매우 합리적인 걱정이다.

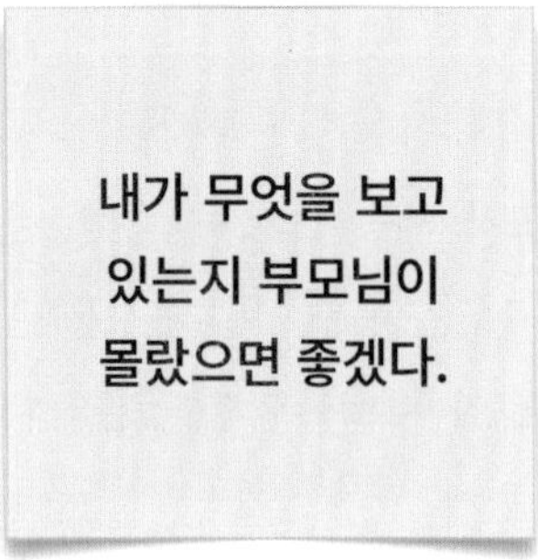

그림 13-7
연구 관찰: 고객에게도 중요한 2차적 문제

사례 연구: 할인 쿠폰

문제: 우리는 온라인으로 구매할 수 있는 인터넷 강의를 제공하는 업체와 함께 일한 적이 있다. 업체는 고객에게 할인 쿠폰을 제공했는데, 프로그래머는 구매 과정의 마지막 단계에 쿠폰 코드를 집어넣었다. 그렇게 프로그램을 짜는 것이 편리하기 때문이다. 그러니까 누군가 300달러짜리 수업 과정의 1/3을 할인 쿠폰을 적용한다고 했을 때 정상가로 구매하고 싶은지 묻는 칸에 먼저 체크한 후 쿠폰을 적용하면 최종 가격인 200달러를 보게 된다. 그러나 이러한 방식은 정상가를 먼저 선택해야 하기 때문에 할인 쿠폰을 적용하고자 하는 고객들로 하여금 불편을 느끼게 한다.

결과: 우리는 해당 그룹에 결제 과정에서 사용자가 쿠폰 카드 옵션으로 이동해서 할인이 적용된 칸을 체크할 수 있도록 변경할 것을 조언했다. 쿠폰 적용에는 심리적인 요소가 많이 존재하지만 다른 책을 참고하도록 여기서는 언급하지 않고 넘어가겠다.

적용해 보기

- 사용자가 그 순간에 무엇을 하려고 하는지 주기적으로 묻고 최종 답변에 이르는 기대 과정을 암시하는 세부 목표를 구체적으로 계획해 본다 (예: 우편번호 입력, 영화 선택, 날짜 선택, 장소를 보고 고르기, 좌석을 보고 고르기, 좌석 예약하기).
- 의사 결정 과정 계획을 구축한다. 정보를 찾아보는 이유, 그 단계에서 필요한 정보와 원하지 않는 정보는 무엇이며 이후에 필요한 것은 무엇인지 살펴본다.

Chapter 14.

감정: 말하지 않는 현실

우리는 논리적 수준에서 고객이 무엇을 하려고 하는지(예: 자동차 구매) 쉽게 알 수 있다. 그렇다면 고차원적인 수준에서 고객이 성취하고자 하는 목표는 무엇일까? 또한 이러한 목표와 실패의 두려움이 사회적 통념으로 받아들여지지 않는 감정은 무엇일까? 고객의 감정에 기초하여 그들의 의사 결정 과정을 분석할 필요가 있다.

이번 장에서 우리는 아래와 같은 질문들을 고려하여 여섯 가시 마인드 경험의 마지막인 '감정'을 되돌아보고자 한다(그림 14-1).

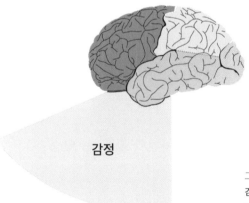

감정

그림 14-1
감정은 보통 두뇌 피질과
하위 체계에서 깊숙이 형성된다.

- 고객이 제품·서비스와의 상호작용을 통해 느끼는 즉각적인 감정은 무엇인가?
- 사용자의 특성을 담고 있는 코멘트는 어떤 것인가?
- 이들이 삶에서 성취하고자 노력하는 목표는 무엇인가?
- 이들이 잘못될까 봐 가장 두려워하는 것은 무엇이며 그 이유는 무엇 때문인가?
- 고차원적인 수준에서의 고객은 어떤 사람인가?
- 무엇이 그들로 하여금 성취감을 느끼게 하는가?

현실의 본질 찾아내기

감정은 3단계로 나눠서 생각해 볼 수 있다.

1. 매력

고객이 즉각적으로 끌리는 것은 무엇인가? 고객 경험을 하는 동안 어떤 사건이나 자극이 그들의 감정반응을 일으키는가?

2. 향상

고객의 삶은 어떻게 향상될 것이며, 향후 6개월, 또는 그 이상의 의미 있는 가치를 그들에게 어떻게 제공할 것인가?

3. 자각

시간이 지나면서 고객의 가장 깊은 목표와 소망을 깨우는 데 도움이 되는 것은 무엇인가? 무엇이 고객의 목표 달성에 도움 될 수 있는가? 자신이 누구인지, 어떤 사람이 되고자 하는지에 대한 고객 내면 깊은 곳의 감정은 무엇인가(예: 좋은 아버지, 부자, 안정적인 일을 하는 사람)? 또한 이들의 두려움은 무엇인가?

세세한 부분은 조금씩 다를 수 있겠지만, 감정의 단계는 전반적인 경험 디자인을 고려할 때 굉장히 중요하다. 고객이 내면 깊은 곳에서 스스로를 어떻게 생각하는지, 무엇에 성취감을 느끼는지, 가장 두렵게 생각하는 것은 무엇인지 파악할 수 있어야 한다. 제품을 디자인할 때 고객이 느끼게 될 즉각적인 감정반응 및 그들 내면의 목표와 두려움 모두를 고려할 수 있어야 하는 것이다.

생각해 볼 거리

제품의 장점에만 집중하고 싶은 유혹이 들 때 '인간은 이익을 좋아하기보다 손실을 더 싫어한다'라는 대니얼 카너먼의 말을 기억하기 바란다. 고객이 느끼는 근원적인 두려움을 생각하는 것은 매우 중요하다. 두려움에는 '정해진 시간에 우편물로 제품을 받지 못할 것 같다'라는 식의 단기적 두려움이 있을 수 있고 '별로 효과가 없을 것 같다'와 같은 장기적인 두려움도 있을 수 있다. 사람들이 궁극적으로 얻고자 하는 것이 무엇인지, 그리고 근본적으로 두려워하는 게 무엇인지를 알 때 제품의 본질적인 가치를 제시할 수 있게 된다.

사례 연구: 신용카드 도난

문제: 신원을 도용당한 경험이 있는 사람들을 만난 적이 있다. 그들에게는 오랜 시간 꿈꿔 왔던 집을 구매하지 못하고 거절당한 경험이 있었다. 누군가 그들의 신원을 도용해 사기 담보 대출을 받은 적이 있기 때문이었다. 집은 함께 늙어가며 자녀를 키울 수 있는 '평생 집'의 개념이면서 그들이 겪어야 했던 부당한 거절이라는 부정적인 감정이 그들의 깊은 마음에 동시에 묶여 있었다. 그리고 이들 중 대부분은 이러한 과거 경험 탓에 금융기관 절차

에 많은 두려움과 불신을 가지고 있었다.

결과: 도용 피해 소비자들은 주택 담보 대출을 거절당하거나 상점에서 신용카드 결제를 거절당했거나 하는 등 여러 가지 부당한 일들을 경험한다. 이들은 '신용'이라는 개념과 관련된 깊은 감정적 연상을 가지고 있다. 그들의 독특한 의사 결정 과정뿐 아니라 금융기관에 대한 전반적인 불신을 해소하도록 도움을 줄 수 있는 방법을 찾아야 했다. 그리고 이러한 상황에서, 상품과 서비스를 금융기관에 직접 얽매이지 않는 방식으로 제공하는 것이 쉽게 도출될 수 있는 부정적인 감정 경험으로부터 그들을 멀어지게 하는 데 도움이 됨을 발견할 수 있었다.

삶의 단계에 따른 목표와 두려움

다음의 사례 연구는 삶의 단계에 따라 목표와 두려움이 어떻게 변할 수 있는지를 보여준다.

사례 연구: 심리묘사 프로필

문제: 우리는 때때로 더 나은 마케팅을 위해 소비자 집단을 세분화한 '심리묘사 프로필'을 만들 때가 있다(그림 14-2). 그림 14-2에 나타난 심리묘사 프로필은 신용카드 회사를 대표해서 물어본 질문들에 기반한 것이었다(질문의 내용은 6장에서 언급하였다). 해당 인터뷰에서 사람들은 단기적 감정에서부터 장기적 감정까지 언급하면서, 그들이 궁극적으로 성취하고자 하는 것에 대해 이야기했다. 이러한 유형의 인터뷰는 인터뷰 대상자들에게 심리 치료와 같은 역할도 동시에 한다.

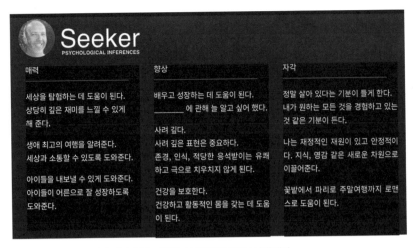

그림 14-2 감정의 3단계인 매력, 향상, 자각에 초점을 맞춘 페르소나의 예시

결과: 첫 번째 열(매력)에서 볼 수 있는 것처럼 은퇴하고 장성한 자녀들을 둔 높은 연배의 소비자 그룹은 새로움을 선사하는 취미생활이 끌린다. 그들의 삶의 단계에서는 호주 여행, 자녀들을 독립시키기 위한 사회 초년생 주택 자금 마련 지원 정보 등이 매력적으로 느껴지는 것이다.

또한 두 번째 열(향상)을 통해 호주 여행과 같은 단기 목표에서 더 나아가 이들의 발전을 원하는 모습을 파악할 수 있다. 피아노 배우기, 건강 관리하기 등이 이런 예시가 될 수 있다.

마지막으로 세 번째 열(자각)을 통해 장기적 관점에서 그들이 무엇을 깨우고 싶어하는지 파악할 수 있다. 이들은 물질적인 성공을 넘어 지식, 영성, 봉사 혹은 다음 단계로 그들의 공동체에 지속적인 영향을 주는 성취감을 일깨우며 그들의 가장 깊은 열정을 일깨운다. 동시에 이러한 내면의 갈망이 성취되지 못하는 것에 대한 새로운 차원의 두려움 또한 관찰할 수 있다. 이 모든 감정은 우리가 해당 그룹을 위한 제품·서비스 디자인에서 다루어야 하는 문제였다.

개인 vs 특정 페르소나

감정을 고려할 때, 최종 사용자의 뚜렷한 성격, 그들이 누구인지, 그리고 그들이 되고자 하는 사람이 누구인지에 대한 깊은 저류를 파악할 수 있어야 한다.

사례 연구: 모험 경주

문제: 흙먼지가 잔뜩 날리는 모험 경주를 매일 참여하고 싶지는 않을 것이다. 그림 14-3만 봐도 대부분의 경주 선수들은 경찰 혹은 전직 군인으로 모두 근육질의 운동 마니아인 것을 알 수 있다. 그러나 이러한 모험 경주는 보통의 사람들에게도 큰 매력으로 다가온다는 사실을 발견할 수 있었다.

결과: 우리는 경주자들이 경주가 끝날 때뿐만 아니라, 경주를 진행하고 있을 때에도 놀라운 성취감을 가지고 있음을 알 수 있었다. 그들은 각자 장애물을 뚫고 나가기 위해 그들의 정신 깊숙이 파고들고 있는 것이 분명했다. 경기 완주를 위해 찬물을 끼얹거나 철조망 아래로 기어들기도 했다. 이것들은 삶의 극복 가능한 장애물에 대한 메타포이기도 하다.

이런 감정적인 만족을 관찰하면서 우리는 열정적인 선수 유형뿐 아니라 보통 사람들도 대상이 될 수 있음을 알 수 있었다(폄하하려는 의도는 전혀 없다. 나같이 허약한 심리학자도 완주했으니 누구에게나 희망이 있다). 제품과 서비스 디자인을 진행하면서 마라톤을 하는 명분 같은 감정적인 만족도 건드리는 것이다(암 생존자나 외상후증후군을 극복하려는 전직 군인 그룹의 경우도 마찬가지다). 책임감을 느끼기 위해 친구와 함께 참여하거나 누군가에게 도움을 주기 위해서, 또는 가족 중에 누군가와 함께 등록하거나 이웃 사람, 운동 동료와 함께 참여한다. 이와 같은 깊은 감정이 단체에 가입하거나 친구를 초대하기로 결정하는 이들에게 결정적으로 중요하게 작용한다는 사실을 알 수 있다.

그림 14-3 스파르타 장애물 경주에서의 열정

순간적 열정에 따른 범죄

'만족화'는 만족스러움과 충분함의 어딘가에 있는 중간적인 입장을 의미한다. 만족화는 모두 감정에 관한 것이어서, 우리가 상황에 압도되었을 때 가장 쉬우면서도 분명한 해결책이 되어 준다.

디지털 인터페이스로 상호작용할 때도 예외는 없다. 어느 웹 페이지에 트래픽이 너무 많으면 우리는 그 페이지는 놔두고, 써 보니 제일 좋은 새로운 페이지를 사용하며 만족을 느낀다. 제품을 선택할 때도 마찬가지이다. 너무나 많은 옵션 중에 사람들은 가장 눈에 띄는 선택지를 고르게 되지, 세부 사양을 곰곰이 따져 보지는 않는 경향이 있다. 검색할 시간도 부족하고 일일이 찾아보기는 스트레스가 되니까 그냥 예산 범위에 벗어나는 제품을 사게 될 수도 있는 것이다.

사례 연구: 불안한 남녀

문제: 우리가 맥락적 인터뷰를 진행했던 광고 회사의 젊은 경영진 이야기를 소개하려 한다. 대학 졸업 후 그들의 첫 직장은 뉴욕시 시내의 아주 저명한 광고회사였다. 그들은 그들의 직업 전망이 밝다고 여겼다. 이들은 주요 의뢰인을 위해 많은 광고료를 지출했는데, 하루에 무려 1천만 달러를 지출하기도 했었다고 한다. 인터뷰를 진행하면서 우리는 이러한 젊은 경영진들이 감정적으로 매우 들떠 있는 것을 알 수 있었다. 그들은 겁에 질려 있었다. 어떤 광고를 집행하고 어느 방송사에서 진행할지 선택하는 업무가 잘못되면 아예 직업 생명이 끝날 수도 있을 뿐 아니라, 그동안 갈고 닦은 대도시 광고 중역이라는 페르소나가 한 번에 무너질 수 있다는 두려움이 이들에게 존재했다. 클릭 한 번 잘못하면 꿈 전체가 날아가고 당장 짐을 싸서 이 바닥을 떠야 하는 상황이 발생할 수 있다고 생각하고 있었다. 때문에, 광고 고객 분석 도구가 있음에도 이들은 너무 겁에 질린 나머지 만족화라는 옛 습관

을 표준으로 설정하고 자동화된 시스템은 신뢰하지 않고 있었다(자동화 시스템을 사용하는 것이 스스로 내는 성과보다 훨씬 잘 풀릴 수 있을 텐데 말이다).

결과: 우리는 광고주들이 한번 봐야 하도록 광고 전략 통계를 보여 주는 분석 도구를 수정했다. 쉬운 이해를 돕기 위해 눈에 잘 들어오는 막대그래프와 색감이 들어간 시각적 요소를 사용했다. 결정하는 데 감정적 요소가 많은 점을 충분히 고려하여 다음에 어떤 조치가 필요한지 분석 도구로 확실히 알 수 있게 만들고자 했다.

실생활의 예시

감정과 관련된 포스트잇 메모를 살펴보자(그림 14-4에서 14-7까지).

"제품 후기가 인기순으로 분류되면 좋다."

좋다 싫다는 표현을 사용하는 의견을 꼭 감정 범주에 넣을 필요는 없음을 기억하자. 문맥에 따라 의미가 항상 변하기 때문이다. 이 의견은 특정 디자인 기능을 말하고 있어서 시선이나 경로 탐색으로 분류를 고려할 수도 있고, 사용자 기대 측면에서 보면 기억에 넣을 수도 있다. 그리고 기쁨의 감정은 이 경우에 매우 강력한 요소가 될 수 있다.

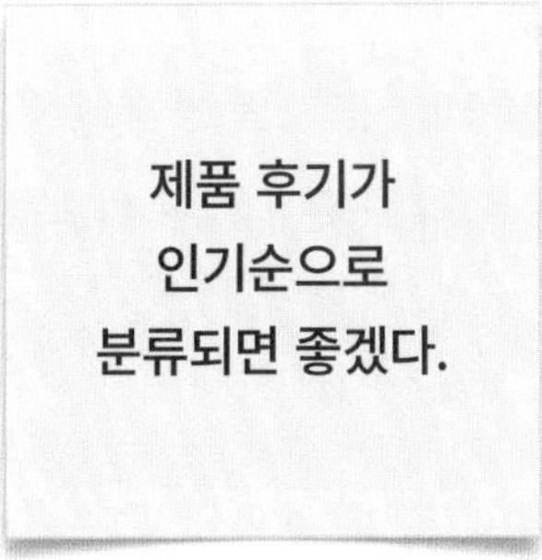

제품 후기가
인기순으로
분류되면 좋겠다.

그림 14-4
연구 관찰: 감정적인 용어가 반응의 감정적인 자원을
늘 암시하는 것은 아니다.

"복장으로 사람의 직위를 알 수 있으면 좋겠다."

우리가 방금 보았던 직접적인 감정과 관련한 코멘트는 특정한 자극에
매여 있다. 하지만 코멘트는 우리가 지금껏 이야기했던 더 깊은 유형의
감정을 보여 주고 있다(말하는 사람이 고위직일 가능성이 더 많이 있을지라
도 말이다). 표면적으로 볼 때 단순히 이 사람이 특정한 복장을 살펴보
고 언급했을 것이라 생각할 수도 있다. 그런데 내 생각에는 다른 사람
이 특정한 페르소나나 이미지를 보아 주었으면 하는 뿌리 깊은 심리를
대변하는 것처럼 보인다. 특정한 유형의 차를 몰거나 성공을 대변한다
고 사람들이 생각하는 건 무엇이 되었던 특별하게 대우받고 싶은 사람
의 마음이 이 말에 잘 드러나 있는 것 같다.

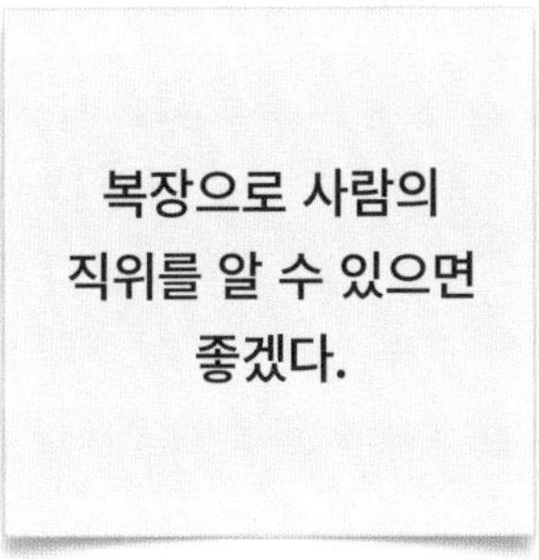

복장으로 사람의
직위를 알 수 있으면
좋겠다.

그림 14-5
연구 관찰: 결정을 위한 강한 동기부여를 보여 준다.

"후기는 사기다. 나는 후기를 믿지 않는다"

이 말은 내게 순전히 감정처럼 읽힌다. 전자 상거래 사이트에 관한 신뢰와 믿음은 이 사용자에게 큰 걸림돌로 보인다. 이런 걱정이 해소되도록 후기를 보여줄 방법이 있을까?

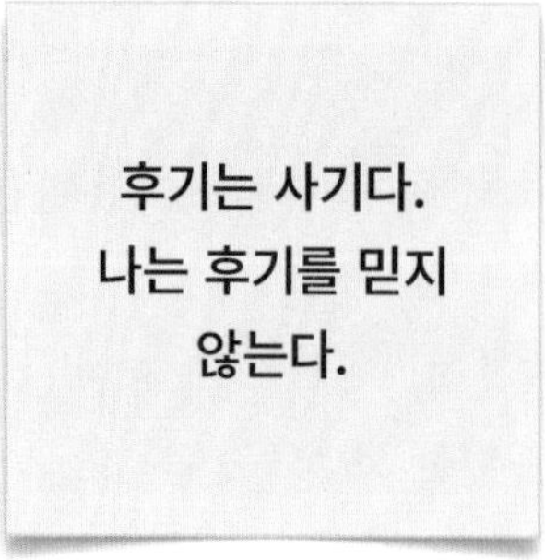

그림 14-6
연구 관찰: 강한 감정적 반응은 제품 이외의 요소로 생길 수 있다.

생각해 볼 거리

사용자의 피드백을 전체적으로 이해하기를 기억하자. 의견과 후기에 더해서 이 소비자는 또다시 데이지 않을까 걱정하는 언급을 했고 제품을 소비자 보고서와 비교하는 방식을 원했다. 전체적으로 생각해봤을 때 우리는 이 사람이 전자 상거래 시스템을 잘 믿지 않는 문제가 있을 것으로 추측할 수 있다. 이런 피드백이 있으니 우리는 걱정하는 고객을 위해 우리 사이트를 신뢰할 수 있게 만들려면 어떻게 해야 할지 생각해 보고자 한다.

"계획에 없는 소비를 하게 될까봐 두렵다."

이 의견은 물건을 의도하지 않게 사게 될까 봐 걱정하는 마음이 생기는 상호작용 문제에 관한 어떤 정보도 포함하지 않는다. 그래서 나는 좀 더 뿌리 깊은 무언가가 작용한다기보다 즉각적인 감정을 고려해야 한다고 표시했다.

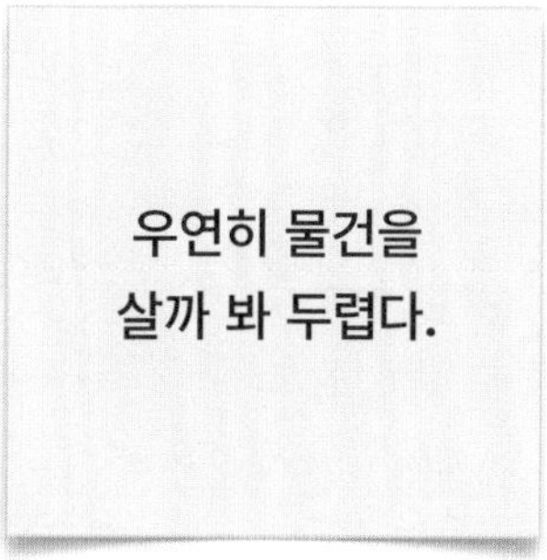

그림 14-7
연구 관찰: 직설적인 감정에 관한 의견

우연히 물건을
살까 봐 두렵다.

적용해 보기

- 거슬리지 않는 간단한 질문부터 의미심장한 질문까지, 체계적인 인터 뷰 진행을 위한 질문들을 준비한다(예: 지갑에는 어떤 신용카드가 있는가? 주말에는 뭐 하기를 좋아하는가? 나를 가장 행복하게 하는 것은 무엇인가? 올 해 목표는 무엇인가? 나를 성공하게 만드는 것은 무엇인가? 성공을 가로막는 최대 두려움은 무엇인가?).

- 고객의 목표(예: 의류 쇼핑)를 설정하고, 인생의 더 큰 목표(예: 결혼할 사 람을 찾고자 한다, 다시 젊어지고 싶다, 전문적이고 진지해 보이고 싶다)에 맞 춘다.

- 고객의 페르소나를 만들 때 삶의 특정 상황에서 겪는 어려움들을 확인 한다(예: 새 일자리를 찾아야 하는데 나이가 들어서 어렵다). 두려움은 논리 에서 멀어지는 강력한 동기 유인이 된다.

- 고객의 의사 결정에 얼마나 많은 부분이 걸려 있는지 추측한다.

Design for How People Think

Part 3

여섯 가지 마인드를
디자인에 적용하기

내가 박사 과정을 공부할 때 저명한 교수님이 한 분 계셨다. 그분은 자주 학생들에게 이런 질문을 던졌다. "그렇다면 이유가 뭘까요?" 학생들은 질문받기를 두려워하곤 했는데 교수님은 그들이 실제적인 문제들을 직접 대면하기를 원하셨던 것 같다. "왜 신경 써야 하죠? 이것을 어떻게 사용해야 할까요?" 교수님의 질문은 끊임이 없었다.

3부에서는 여섯 가지 마인드 중에서도 '그렇다면 이유가 뭘까요?'에 관한 모든 것을 다룰 예정이다. 수집한 데이터를 어떻게 활용할 것인가? 데이터를 통해 무엇을 알 수 있는가? 하나의 단서에서 어떻게 하면 의미 있는 통찰을 얻을 수 있을까? 그리고 이렇게 얻은 통찰을 제품·서비스 디자인에 어떻게 적용할 것인가? 고객에 유익하고 영향력 있는 이런 지식을 어떻게 이용할 것인가? 단순하게 말하면, 이 모든 지식과 최종 사용자에 관한 이해를 적용해서 더 나은 제품·서비스를 어떻게 디자인할 수 있을까?

다음 장에서는 여섯 가지 마인드를 데이터에 어떻게 적용할지를 살펴보고 우리의 현재 인터페이스가 제대로 작용하는지 결정해서 고객의 이상적인 경험에 부합하는 설계를 하도록 한다. 디지털 디자인에 영향을 미치는 인지심리 디자인의 실생활 사례도 제시할 예정이다.

마지막으로 이 모든 과정이 실전에서 어떻게 적용되는지 살펴볼 것이다. 개발자들과 함께 현장에서 어려운 일을 헤쳐 온 나를 한번 믿어 보기 바란다! 이러한 접근방법이 자신의 상사와 개발자에게 통하지 않을 거라고 여기는 사람들에게 선보일 비밀 병기가 있다.

Chapter 15.

센스메이킹

2부에서 우리는 맥락적 인터뷰에서 수집한 데이터를 여섯 가지 마인드 프레임워크로 분류했다. 이제 우리는 다음의 주된 목표로 넘어갈 수 있다.

- 여섯 가지 마인드 차원에서의 공통점 찾기(예: 전문가 수준, 걱정이라는 감정)
- 고객 세분화(예: 비전문가 vs 전문가, 관리자 vs. 분석가, 부모 vs 자녀), 관련 차원(예: 언어 사용, 세부 목표, 기본 전제) 및 이에 따른 심리묘사 프로필 만들기

이후 분류의 또 다른 체계에 관한 몇 가지(보기, 느끼기, 말하기, 행동하기)를 언급하면서 이 장을 마무리할 것이다. 또한 사람들이 제품·서비스 디자인에 도움이 되는 방향으로 데이터를 정리하지 못하는 이유에 관해서도 함께 이야기해 보자.

공감과 심리묘사 프로필

여섯 가지 마인드 프레임워크를 사용해서 2부에서 참여자 예시로 나온 결과를 복습하도록 하자. 참여자에 따라 여섯 가지 마인드로 분류한 포스트 잇 노트가 있다. 결과를 검토하면서 개인별 생각 사이의 상관관계와 숨겨진 유사성이 있는지 살펴보겠다.

	의사 결정	언어	감정	기억	경로 탐색	시선
1	걱정: 5천 달러에 구매한 의자가 운송 중에 파손되면 어쩌지?	의자를 찾을 때 '임스미드센추리 라운지 체어'로 검색함.	복장으로 사람의 직위를 알 수 있으면 좋겠다.	색에 자동완성 기능이 있을 것으로 기대한다.	책 표지를 클릭하면 목차가 나올 것 같다.	중간 저장 버튼을 못 찾겠음.
	제품 후기가 인기순으로 분류되면 좋겠다.	'쇼핑카트'를 못 찾고 있다가 '쇼핑 백'이 쇼핑카트임을 알게 되었다.			영화 미리보기 버튼이 어디 있는지 찾지 못하겠다.	
2	페이팔로도 거래할 수 있는지 바로 알고 싶음.	'디월트 2배속 20볼트 무선 드릴'을 찾아보았다.	또 데일까 걱정된다. 쇼핑백 추가를 누르기 전에 환불 방침을 보고 싶다.	제품을 소비자 보고서처럼 나란히 두고 비교하고 싶다.	제품 사진을 확대하는 방법을 못 찾겠다.	'뒤로 가기' 버튼을 찾느라 '결과 되돌리기' 링크를 발견하지 못함.
			후기는 사기다. 나는 후기를 믿지 않는다.		로고를 클릭했더니 검색 결과 페이지로 어떻게 돌아가는지 모르겠다.	
3	영화를 노트북으로 구매해 텔레비전으로 쉽게 전송하는 방법이 있으면 좋겠다.	영화가 1080p나 4K UHD 환경에서 재생되는지 알고 싶다.		영화의 로튼 토마토 지수를 볼 수 있을 것이다.	영화를 클릭하면 실제 영화가 아닌 예고편이 재생될 것으로 기대한다.	영화 목록에 내용이 많아서 실제로 복잡해 보인다.
					누아르 영화로 검색 결과가 필터링 되기를 원한다.	어느 영화가 멤버십에 포함되는지 모르겠다.

	의사 결정	언어	감정	기억	경로 탐색	시선
④	냉장고가 아파트 현관문에 들어갈지 알고 싶다.	경주용 도로 자전거를 찾으려고 '자전거' 키워드로 검색했다.		인스타에 제품을 공유할 수 있을 것이라 기대한다.	스마트폰처럼 터치해서 넘길 수 있다고 기대한다.	홈페이지에 말이 너무 많아서 어수선하다.
				쿠폰의 업데이트된 가격이 제품 페이지에 반영되지 않아서 놀랐다.	음성 명령이 작동하지 않아서 실망이다.	
				스티치픽스처럼 나를 잘 파악해 줬으면 좋겠다.		

	의사 결정	언어	감정	기억	경로 탐색	시선
⑤		야광 프리스비를 찾으려고 '장난감' 키워드로 검색했는데 못 찾겠다.	계획 없는 소비를 하게 될까 두렵다.		매번 '뒤로 가기' 버튼을 사용해서 홈페이지로 되돌아간다.	홈페이지가 너무 복잡하다.
		계산대로 나가는 방법을 모르겠다.	걱정된다. 보통 이런 거 할 때는 손자가 도와주었다.		제품의 상세 페이지로 가는 방법을 모르겠다.	
			이 사이트에서 신용카드 써도 괜찮을지 모르겠다. 휴대폰 결제가 가능할까?		휴대폰 음성 인터페이스 시리처럼 내가 무엇을 찾고 있는지 대화하고 싶다.	
					제품 이름을 클릭해봤는데 아무 변화가 없었다.	

그림 15-1 여섯 가지 마인드로 정리한 맥락적 인터뷰 결과

언어

언어 열을 보면 참여자 1, 2, 3이 모두 '임스 라운지 체어', '디월트 2배속 20볼트 무선 드릴', '1080p 또는 4K UHD'(그림 15-2) 같은 용어를 사용하는 것을 볼 수 있다. 참여자 3명은 자신이 찾고 있는 것을 매우 정교한 언어로

표현하고 있다. 이들이 업계 종사자는 아니더라도 그 주제에 어느 정도의 지식이 있음을 추측할 수 있다.

① 의사 결정	언어	감정	기억	경로 탐색	시선
걱정: 5천 달러에 구매한 의자가 운송 중에 파손되면 어쩌지?	의자를 찾을 때 '임스미드센추리 라운지 체어'로 검색함.	복장으로 사람의 직위를 알 수 있으면 좋겠다.	색에 자동완성 기능이 있을 것으로 기대한다.	책 표지를 클릭하면 목차가 나올 것 같다.	중간 저장 버튼을 못 찾겠음.
제품 후기가 인기순으로 분류되는 게 좋다.	'쇼핑카트'를 못 찾고 있다가 '쇼핑백'이 쇼핑카트임을 알게 되었다.			영화 미리보기 버튼이 어디 있는지 찾지 못하겠다.	

전문가

② 의사 결정	언어	감정	기억	경로 탐색	시선
이 사이트에서 페이팔 결제가 되는지 바로 알고 싶다.	'디월트 2배속 20볼트 무선 드릴'을 찾아보았다.	또 데일까 걱정된다. 쇼핑백 추가를 누르기 전에 환불 방침을 보고 싶다.	제품을 소비자 보고서처럼 나란히 두고 비교하고 싶다.	제품 사진을 확대하는 방법을 못 찾겠다.	'뒤로 가기' 버튼을 찾느라 '결과 되돌리기' 링크를 발견하지 못함.
		후기는 사기다. 나는 후기를 믿지 않는다.		로고를 클릭했더니 검색 결과 페이지로 어떻게 돌아가는지 모르겠다.	

③ 의사 결정	언어	감정	기억	경로 탐색	시선
영화를 노트북으로 구매해 텔레비전으로 쉽게 전송하는 방법이 있으면 좋겠다.	영화가 1080p나 4K UHD 환경에서 재생되는지 알고 싶다.		영화의 로튼 토마토 지수를 볼 수 있을 것이다.	영화를 클릭하면 실제 영화가 아닌 예고편이 재생될 것으로 기대한다.	영화 목록에 내용이 많아서 실제로 복잡해 보인다.
				누아르 영화로 검색 결과가 필터링 되기를 원한다.	어느 영화가 멤버십에 포함되는지 모르겠다.

④

의사 결정	언어	감정	기억	경로 탐색	시선
냉장고가 아파트 현관문에 들어갈지 알고 싶다.	경주용 도로 자전거를 찾으려고 '자전거' 키워드로 검색했다.		인스타에 제품을 공유할 수 있을 것이라 기대한다.	스마트폰처럼 터치해서 넘길 수 있다고 기대한다.	홈페이지에 말이 너무 많아서 어수선하다.
			쿠폰의 업데이트된 가격이 제품 페이지에 반영되지 않아서 놀랐다.	음성 명령이 작동하지 않아서 실망이다.	
			스티치픽스처럼 나를 잘 파악해 줬으면 좋겠다.		

초보자

⑤

의사 결정	언어	감정	기억	경로 탐색	시선
	야광 프리스비를 찾으려고 '장난감' 키워드로 검색했는데 못 찾겠다.	계획 없는 소비를 하게 될까 두렵다.		매번 '뒤로 가기' 버튼을 사용해서 홈페이지로 되돌아간다.	홈페이지가 너무 복잡하다.
	계산대로 나가는 방법을 모르겠다.	걱정된다. 보통 이런 거 할 때는 손자가 도와주었다.		제품의 상세 페이지로 가는 방법을 모르겠다.	
		이 사이트에서 신용카드 써도 괜찮을지 모르겠다. 휴대폰 결제가 가능할까?		휴대폰 음성 인터페이스 시리처럼 내가 무엇을 찾고 있는지 대화하고 싶다.	
				제품 이름을 클릭해봤는데 아무 변화가 없었다.	

그림 15-2 6가지 마인드 '언어' 부분에서 참여자 간의 유사성 검토

이와 대조적으로 참여자 4는 경주용 도로 자전거를 찾는데 그냥 '자전거'라는 키워드로 찾았다. 참여자 5는 원반 장난감인 프리스비frisbee를 찾으면서 '장난감'으로 검색했다. 또한 참여자 5는 아마존 체크아웃amazon checkout이나 퀵페이quick-pay라는 표현 대신 '계산대'라는 표현을 사용했다. 온라인 쇼핑 경험이 어떻게 돌아가는지 알고 있다면 아마도 다른 검색어를

사용했을 텐데 말이다.

사용하는 언어만 살펴봤을 뿐인데, 어떤 참여자들은 그들이 찾고 있는 분야에 상당한 지식이 있고, 또 어떤 참여자는 전자 상거래 자체에 경험이 별로 없다는 점을 알 수 있었다. 더 나아가 전문가는 인터페이스에 어떻게 접근하는지, 같은 분야라도 초보자라면 같은 문제를 두고 어떻게 접근할지, 고객 사이에 숨겨진 공통점의 유무도 확인할 수 있다.

이는 단지 시작에 불과하다! 고객을 하나의 카테고리에만 분류하는 데에서 그치지 말자. 최종적으로 우리는 고객들 사이에 여러 차원에서의 공통점을 찾아낼 수 있어야 한다. 다양한 방식으로 다른 차원에서 재고함으로써, 혹은 고객의 마음을 들여다봄으로써 참여자들을 살펴볼 수 있어야 하는 것이다.

감정

감정을 살펴보자(그림 15-3). 결과를 모두 비교해서 검토해 보면 참여자 2와 참여자 5는 상황을 매우 걱정하는 것 같이 보인다. 나쁜 일이 생기지는 않을까 또다시 의기소침하게 될까 하는 등의 걱정이다. 확실하지 않지만, 말 없이 다음 단계로 넘어갈 수 있는 이유는 이들이 실제로 일어나기 희박한 가능성의 일을 걱정하고 있기 때문이다. 물론 이들을 어느 정도 안심시킬 필요는 있다. 한편 참여자 1, 참여자 3, 참여자 4는 별다른 감정이나 망설임을 보이지 않았다.

참여자 2와 참여자 5를 같이 분류할 수 있는 또 다른 카테고리가 있을까? 이들의 경로 탐색 및 정보 검색 과정에는 분명한 공통점을 가진다. 좀 더 사무적인 방식으로 과정을 경험하고 있는 참여자 1, 참여자 3, 참여자 4

와는 굉장히 대조적이게도 말이다.

① 의사 결정	언어	감정	기억	경로 탐색	시선
걱정: 5천 달러에 구매한 의자가 운송 중에 파손되면 어쩌지?	의자를 찾을 때 '임스미드센추리 라운지 체어'로 검색함.	복장으로 사람의 직위를 알 수 있으면 좋겠다.	검색 기능에 자동 검색 옵션이 있을 것 같다.	책 표지를 클릭하면 목차가 나올 것 같다.	중간 지장 버튼을 못 찾겠음.
제품 후기가 인기순으로 분류되면 좋겠다.	'쇼핑백'이 '쇼핑카트'라는 것을 나중에 알게 됨.			영화 미리보기 버튼이 어디 있는지 찾지 못하겠다.	

중립적인

④ 의사 결정	언어	감정	기억	경로 탐색	시선
냉장고가 아파트 현관문에 들어갈지 알고 싶다.	경주용 로드 자전거를 찾기 위해 '자전거'를 검색했다.		인스타에 제품을 공유할 수 있을 것이라 기대한다.	스마트폰처럼 터치해서 넘길 수 있다고 기대한다.	홈페이지에 말이 너무 많아서 어수선하다.
			제품 페이지에 쿠폰의 가격이 반영되어 있지 않아서 놀랐다.	음성 명령이 작동하지 않아서 실망이다.	
			스티치픽스처럼 나를 잘 파악해 줬으면 좋겠다.		

③ 의사 결정	언어	감정	기억	경로 탐색	시선
노트북으로 구매한 영화를 텔레비전으로 쉽게 보내고 싶다.	영화가 1080p나 4K UHD 환경에서 재생되는지 알고 싶다.		영화의 로튼 토마토 지수를 볼 수 있을 것이다.	영화를 클릭하면 실제 영화가 아닌 예고편이 나올 것으로 기대한다.	영화 목록에 내용이 많아서 복잡해 보인다.
				'느와르 영화'로 검색 결과를 필터링하고 싶다.	어느 영화가 멤버십에 포함되는지 모르겠다.

②	의사 결정	언어	감정	기억	경로 탐색	시선
	페이팔로도 거래할 수 있는지 바로 알고 싶음.	'디월트 2배속 20볼트 무선 드릴'을 찾아 보았다.	또 데일까 걱정된다. 구매 전에 환불 방침을 보고 싶다.	제품을 소비자 보고서처럼 나란히 두고 비교하고 싶다.	제품 사진을 확대하는 방법을 못 찾겠다.	'뒤로 가기' 버튼을 찾느라 '결과 되돌리기' 링크를 발견하지 못함.
			후기는 사기다. 나는 후기를 믿지 않는다.		로고를 클릭했더니 검색 결과 페이지로 어떻게 돌아가는지 모르겠다.	

불안한

⑤	의사 결정	언어	감정	기억	경로 탐색	시선
		야광 프리스비를 찾으려고 '장난감'을 검색 했는데 못 찾겠다.	계획에 없는 소비를 하게 될까봐 두렵다.		매번 '뒤로 가기' 버튼을 사용해서 홈페이지로 되돌아간다.	홈페이지가 너무 복잡하다.
		계산대를 찾는 방법을 모르겠다.	걱정된다. 보통은 손자가 도와주었는데...		제품의 상세 페이지로 가는 방법을 모르겠다.	
			신용카드는 안전하지 않을 것 같다. 휴대폰 결제가 가능할까?		시리처럼 내가 무엇을 찾고 있는지 대화하고 싶다.	
					제품 이름을 클릭해 봤는데 아무 변화가 없었다.	

그림 15-3 6가지 마인드 '감정' 부분에서 참여자 간의 유사성 검토

다른 관점을 활용해 참여자들을 분류해 보았다. 이상적으로는 다양한 차원을 비교해서 유사점을 찾는 것이 가장 좋다. 이 책에서는 설명을 목적으로 작은 규모의 참여자 표본을 사용했지만, 일반적으로는 어떻게 세분화할 것인가에 따라 24명에서 40명 정도 되는 사람들을 대상으로 4명에서 10명 단위로 분류하는 훨씬 큰 데이터 조합을 살피게 된다.

경로 탐색

참여자 1~3, 그리고 참여자 5는 모두 사용자 경험 혹은 노트북과 상호작용하는 방식에서 문제가 있었다(그림 15-4). 참여자 4는 사용자 경험을 다르게 접근했다. 휴대폰처럼 터치해서 넘기거나 음성으로 명령할 수 있기를 바라는 심리를 표현했다. 이 참여자는 전자기기에 매우 친숙한 것 같이 보인다. 경로 탐색을 통해 볼 때 우리는 참여자가 인터페이스를 살피면서 여러 가지 도구를 사용하고 인터랙션 디자인과 정교함의 기대 수준이 다양함을 알 수 있다.

	의사 결정	언어	감정	기억	경로 탐색	시선
1	걱정: 5천 달러에 구매한 의자가 운송 중에 파손되면 어쩌지?	의자를 찾을 때 '임스미드센추리 라운지 체어'로 검색함.	복장으로 사람의 직위를 알 수 있으면 좋겠다.	검색 기능에 자동 검색 옵션이 있을 것 같다.	책 표지를 클릭하면 목차가 나올 것 같다.	중간 저장 버튼을 못 찾겠음.
2	페이팔로도 거래할 수 있는지 바로 알고 싶음.	'디월트 2배속 20볼트 무선 드릴'을 찾아보았다.	또 데일까 걱정된다. 구매 전에 환불 방침을 보고 싶다. 후기는 사기다. 나는 후기를 믿지 않는다.	제품을 소비자 보고서처럼 나란히 두고 비교하고 싶다.	제품 사진을 확대하는 방법을 못 찾겠다. 로고를 클릭했더니 검색 결과 페이지로 어떻게 돌아가는지 모르겠다.	'뒤로 가기' 버튼을 찾느라 '결과 되돌리기' 링크를 발견하지 못함.
5		야광 프리스비를 찾으려고 '장난감'을 검색했는데 못 찾았다. 계산대를 찾는 방법을 모르겠다.	계획에 없는 소비를 하게 될까봐 두렵다. 걱정된다. 보통은 손자가 도와주었는데...	컴퓨터 사용자 경험에 문제가 있음	매번 '뒤로 가기' 버튼을 사용해서 홈페이지로 되돌아간다. 제품의 상세 페이지로 가는 방법을 모르겠다.	홈페이지가 너무 복잡하다.
3	노트북으로 구매한 영화를 텔레비전으로 쉽게 보내고 싶다.	영화가 1080p나 4K UHD 환경에서 재생되는지 알고 싶다.		영화의 로튼 토마토 지수를 볼 수 있을 것이다.	영화를 클릭하면 실제 영화가 아닌 예고편이 나올 것으로 기대한다. '느와르 영화'로 검색 결과를 필터링하고 싶다.	영화 목록에 내용이 많아서 복잡해 보인다. 어느 영화가 멤버십에 포함되는지 모르겠다.

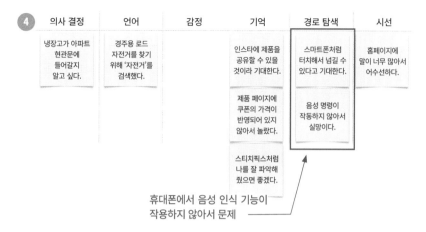

그림 15-4 6가지 마인드 '경로 탐색' 부분에서 참여자 간의 유사성 검토

  우리는 이 사용자 그룹을 세 가지 방법으로 분류해 보았다. 물론 다른 방법으로 분류하는 것도 가능하다. 어떤 방법을 고르는 것이 제일 합리적일까? 어떻게 분류해도 상당 부분 일치할 것이다. 때로는 결이 같은 사람들을 함께 분류하는 것이 명확할 수 있다. 하위 그룹끼리는 공통점이 있지만 다른 그룹 사이에는 공통점이 없을 때도 있다.

관점 찾기

사례를 통해 고객 세분화 과정을 보여 주고자 한다. 아래의 사례 연구는 데이터 집합 그룹핑grouping(집단 분류)을 잘 보여준다.

사례 연구: 밀레니얼 세대의 재정 관리

세계적인 온라인 결제 시스템사와 일하면서 우리 팀은 밀레니얼 세대와 맥락적 인터뷰를 진행하였다. 이들이 재정을 어떻게 사용하고 관리하며 돈과 관련한 성공의 의미를 어떻게 정의하는지를 이해하기 위함이었다.

그림 15-5의 포스트잇 메모는 우리가 만났던 사람들을 인터뷰하며 얻은 결과들이다. 이들을 어떻게 분류해야 할까? 그림 15-5는 소수의 참여자를 사람별로 분류한 모든 스티커 노트이다.

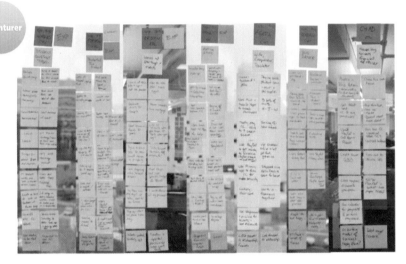

그림 15-5 **참여자들의 데이터가 담긴 포스트잇 메모**

참여자들 중 일부는 '여행에 집중하는 삶'이라는 공통점을 공유했다. 그들의 생활방식은 돈과 관련된 의사 결정에 매우 많은 영향을 미쳤다. 충분한 돈을 모으면 인스타에 올릴 최신 모험을 위해 돈을 바로 사용했다. 우리는 맥락적 인터뷰를 통해 이 그룹의 참여자들을 만족시키는 게 무엇인지 이해할 수 있었다. 이들의 가장 깊은 감정적 목표는 새로운 경험과 모험이었다. 따라서 이들은 많은 시간과 돈을 여행에 사용했다. 이들에게 깊은 감정적인 수준에서 정말 의미 있는 일은 소유보다는 경험이었던 것이다.

감정이라는 범주에 속하는 또 다른 참여자들은 자신을 직업이나 내향적이라는 식의 전통적인 정의로 자신을 정의하지 않는 모습이었다. 대신 경험을 바탕으로 자신의 정체성을 찾는 것으로 보였다.

사회적으로 이야기할 때 밀레니얼 세대는 트렌드를 앞서 행동하는 사람들이고 다른 사람들도 자신의 가치관에 동참하게 하려고 노력한다. 새로운 가능성, 티켓 코드(언어)를 알기 때문에 티켓 할인 행사 따위의 제의는 쉽게 이들의 관심을 끌었다. 이들은 새로운 장소에 관한 정보를 공유하고 배우는 소셜 네트워크를 능숙하게 다루므로 인스타그램과 같은 앱을 활용할 수 있는 능력과 새로운 장소를 찾으려고 물리적인 경로 탐색을 할 수 있는 능력 모두 갖추고 있는 것이다.

지금까지 경험의 여섯 가지 마인드 프레임워크를 활용해 알 수 있는 참여자들의 몇 가지 특징을 살펴보았다. 그리고 이 모든 과정은 온라인 결제 시스템을 대표해 참여자들이 돈을 어떻게 관리하는지에 대해 분류하기 위함임을 기억하자.

의사 결정

그들의 새로운 경험을 하는 목표에 불리한 모든 금융 관련 결정을 따져 보았다. 그들에게 장기적인 금융 계획 수준의 헌신은 거의 없었다. 현재를 사는 데 집중하기 때문이다.

감정

이들에게 여행 준비를 최대화하는 것은 매우 중요하며 행복을 가로막는 요소는 모두 부정적으로 바라보았다. 광범위한 생활방식을 성취하는 데 도움 되는 결제 시스템은 이들에게 유용했다.

언어

밀레니얼 세대는 여행지 혹은 항공편 할인과 관련한 어휘 수준과 지식
이 굉장히 해박했다. 이들은 비행기에 코드가 있다는 사실도 알고 있었
으며 비행 마일리지, 수화물 수수료, 렌터카 등 여행에 관련된 용어들을
익숙하게 사용했다.

  이 연구를 위해 다른 고객층도 살펴보았지만, 나는 단지 여러분이 실제
로 사람들을 분류하는 감각을 기르고 우리가 참여자를 정리하는 방법으로
의사 결정, 감정, 언어를 우리가 주로 어떻게 사용했는지 보여 주려고 했다.
앱에서 사용자가 상호작용하는 방식(경로 탐색)이나 보이지 않는 경험, 사용
되는 비유(기억) 같은 다른 차원은 우리의 삶을 정리하는 여행의 중심 개념
만큼 중요하지는 않다.

  이런 일은 꽤 흔하다. 고객을 세분화하면서 의사 결정과 감정 같은 상
위 우선 차원은 다른 여섯 가지 마인드보다 더 두드러지는 경향이 있다. 어
도비 포토샵 같은 프로그램에서 작업하는 설계자같이 인터페이스에 집중
한 디자인 상황을 중심으로 연구하면 시선이나 경로 탐색, 고객 분류에 더
욱 많은 연관성을 찾게 될 것이다.

사례 연구: 신용에 대한 믿음

두 번째 사례는 10대 금융사를 대표해서 진행한 연구에 관한 내용이다. 우
리는 사람들이 신용 점수를 얼마나 알고 있고 신용 점수가 사람들에게 어
떤 영향이 있는지와 신용 사기에 관한 사람들의 전반적인 지식을 측정하고
자 했다.

우리는 고객을 여러 유형의 그룹으로 세분화했다. 그중 하나의 페르소나 유형을 설명하고자 한다. 바로 걱정이 많고 확신 없는 그룹이다. 이들에게 금융 거래는 보통 개인의 일반적인 유형보다 감정이 훨씬 더 많이 개입했다. 룻이라는 여성은 자신의 신용카드 사용을 식료품점에서 거절당했을 때 믿기지 않아서 몹시 당황스러워했다. 누군가가 실제로 자신의 개인정보를 훔쳤기 때문이다. 이러한 상황은 룻으로 하여금 걱정, 거절, 무력감, 두려움, 중압감 등을 느끼게 했다.

고객 세분화에서 룻과 같은 사람들은 실제 문제(감정)를 그냥 드러내지 않았다. 직접 신용을 보호하려고 나서는 사람들과 다르게 이런 유형의 걱정이 많고 자신감이 없는 사람들은 적극적인 행동(의사 결정)을 하기에는 충격이 너무 심한 상태였다. 이들은 같은 문제가 일어날 수 있는 상황을 회피하려고 하면서 공격(관심)보다는 소심하고 방어적인 자세로 움직인다. 이 두려움 많고 확신 없는 그룹은 스스로 신용에 전문 지식이 있다고 생각하지 않았는데 이는 신용에 관해서 그들이 말하는 방식과도 일치했다(언어).

심리묘사 프로필의 동기 유인은 신용 관련 상황에 관한 개인의 정서적 반응이다. 이는 의사 결정의 고유한 패턴과 부족한 경험의 언어, 미래에 신용 위험을 줄이는 방법을 인지하지 못하게 되는 결과로 초래했다.

내부 가설에 도전하기

우리가 막 검토한 사례에서 나는 산업 전반과 목표 고객 네트워크에 걸쳐 고객 세분화에 관한 의사 결정, 감정, 언어 같은 복잡한 인지 과정을 사용했다. 많은 경우에 다른 방법으로 고객을 세분화하던 상사나 매니저가 있을 것이다(예: 우리는 연령대가 다양하고 소비를 활발하게 하거나 직책이 있는 사회경제 계층이 필요하다). 당신은 이러한 추측에 도전할 수 있어야 한다.

당신의 분석이 작년의 큰 패턴과 일부 반대되는 것 같다면 반발을 사게 될 상황에 대비하자. 해당 데이터를 가리키면서 "아니요. 우리 데이터는 그 데이터와 실제로 일치하지 않습니다."라고 말하기를 두려워하지 말자. 아직 유효한 데이터가 있는지 먼저 살펴보고 과거의 추정을 테스트한다.

할 수 있으면 참여자가 최소한 24명 이상인 표본을 구하도록 노력한다. 지역에서 멀리 떨어져 있거나 언어가 다양한 표본을 얻을 수 있으면 훨씬 더 좋다. 이 모든 고려 사항은 "표본이 좀 특이하지 않나요?"라는 질문에 답변하는 데 도움이 되는 무기이다. 규모가 크고 다양한 표본일 때는 "아니요. 한두 사람이 우연히 이런 식으로 생각할 확률은 훨씬 낮습니다."라고 말할 수 있다.

동료의 구식 사고방식과도 싸워야 하지만 동시에 자신의 선입관과도 싸울 수 있어야 한다. 때로는 우리가 발견한 데이터가 우리의 생각과 자료를 정리하는 방식에 도전이 된다. 이런 경우 내가 정확하게 자료를 제시하고 있는지를 확인하고 미리 추측한 선입관을 통해 문제를 바라보지 않기를 강력하게 권장한다.

7장으로 돌아가서 마음을 깨끗하게 비운 백지상태에서 맥락적 인터뷰에 접근하라는 도전 과제를 여러분에게 던진 바 있다. 내 생각은 저 멀리 던져두고 데이터가 말하는 정보에 마음을 연다. 고객 세분화에도 똑같은 원칙이 적용된다. 최대한 내가 추정한 데이터 해설 방향으로 접근하지 않도록 노력한다. 다른 가능성을 시험하려는 사람들과는 다르게 '나는 X가 사실이라고 알고 있어'라고 생각하는 사람들은 데이터를 X 확증편향관점으로 바라본다는 것을 우리는 통계를 통해 잘 알고 있다. 모든 가능성을 검토하는 유형의 분석가가 되어야 한다. 다른 모든 가능성을 열어 놓자.

나의 가설을 확인하는 정보를 찾으려고만 하는 것에 반대로 항상 다른 가능성을 부정하려고 노력한다. 사람마다 감정적으로 숨겨진 동기 유인을 신중하게 살펴본다. 문제 공간과 관련해서 이들은 어떻게 이동하는가? 이들은 무엇을 찾고 있는가? 이들에게 영향을 미치는 과거의 경험은 무엇인가? 과거 경험에 따라 다른 구분은 무엇인가?

12장에서 언급했던 자영업 사장의 예시에서, 우리는 고객 세분화를 위한 눈에 띄는 특징이 무엇인지 살펴보았다. 그리고 그들은 매우 다른 두 가지 관점에서 문제를 해결했음을 알 수 있었다. 언어와 정교한 수준의 요소는 문제의 주제에 따라 굉장히 달라졌다(예: 공예 솜씨 vs 사업 수완). 최종적인 고객 세분화에 이르기 위해, 발견한 몇 가지 패턴들을 테스트해 보고 이들이 데이터 전체에서 실제로 구현되는지 확인해야 했다.

마지막으로 할 수만 있으면 가장 높은 수준에서 참여자를 정리하려고 노력해야 한다. 표면적인 수준의 관찰로 시작하더라도 깊은 수준의 동기 유인과 숨겨진 목표를 이해하려고 노력하는 것이다. 깊은 수준에서 고객의 정신세계를 이해함으로써 그들의 의사 결정에 영향력을 끼칠 수 있다.

낡은 관행 끝내기

사용자 공감 연구에 익숙하다면 그림 15-6의 고객의 마음을 읽는 지도, 즉 사용자 공감 지도customer empathy map를 들어본 적 있을 것이다. 이 차트는 고객을 세분화하는 데 유용하게 사용할 수 있어 사용자와 보다 깊은 공감이 가능한 메커니즘을 찾고 있는 디자이너들에게 필수적이다.

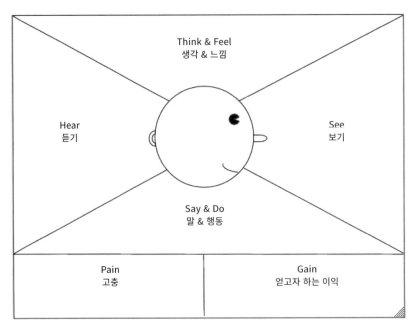

그림 15-6 **사용자 공감 지도**

많은 공감 연구 프로그램은 위와 같은 다이어그램을 사용한다. 사용자 공감 지도는 고객에게 다음과 같은 질문을 한다.

- 무엇을 보는가?
- 무엇을 생각하고 느끼는가?
- 무엇을 말하고 행하는가?
- 무엇이 들리는가? (이 점은 생략하기도 함)

그림 15-6에서 제시하는 다이어그램에는 사용자의 고충과 이익을 포함하여 '사용자가 문제를 겪는 요소는 무엇인가?' '이러한 요소를 향상하기 위한 기회는 무엇인가?' 등의 질문을 하기도 한다.

어떻게 보면 사용자 공감 지도는 여섯 가지 마인드와 겹치는 부분이 많아 보인다. 둘 사이에 어떤 차이점이 있을까? 더 자세히 살펴보자.

보기

처음 보았을 때, 우리는 이것이 '시선'과 관련이 있음을 바로 알 수 있다. 하지만 기억하자. 고객의 시선이 머무르는 구간을 고려한다는 것은 고객이 실제로 관심을 두고 있는 게 무엇인지를 아는 것이다. 우리가 고객에게 보여 주고자 하는 것은 중요치 않다. 어쩌면 고객은 우리가 제시한 것과 다른 것에 관심을 두고 있을 수도 있다. 고객의 관점에서 생각하여 그들이 진짜로 보고 있는 것을 고려할 수 있어야 한다. 또한 우리가 자주 놓치는 사항이 있다. 바로 '고객이 보지 않는 것은 무엇인가?'이다. 그들이 진정으로 무엇을 어떤 이유로 찾고 있는지를 파악해야 한다. 그리고 그들이 주의를 기울이는 요소를 충분히 고려하자.

느낌

느낌은 '감정'과 밀접한 연관이 있는 것처럼 보일 수 있다. 그러나 공감 다이어그램에서의 느낌은 특정 인터페이스에 관한 사용자의 즉각적인 반응을 의미한다. 지금 사용자는 무엇을 경험하고 있는지에 초점을 맞춰야 한다. 감정에 관한 논의를 기억할지 모르겠는데 디자인 관점에서 더 깊고 근본적인 감정의 원인에 관심을 더 가져야 할 것이다. 고객은 무엇을 성취하고자 하는가? 성취하고자 하는 이유는 무엇인가? 이에 따른 두려움은 없는가? 가장 깊은 걱정에는 어떤 게 있을까? 인터페이스에 대한 즉각적 반응의 표면적 차원을 넘어서서 이러한 반응을 일으키는 더욱 근본적인 문제를 고려해야 한다는 의미이다.

말과 행동은 같은 그룹으로 분류되는 경우가 많다. 먼저 말에 집중해 보자. 나는 고객이 실제로 말하는 내용을 단순히 보고한다는 생각과 싸 운다. 결국 하루의 마지막에 여섯 가지 마인드와 관련된 내용으로 말해 야 하기 때문이다. 고객이 자신이 무언가를 성취하기 위해 어떻게 노 력하고 있는지 말한다면 이는 의사 결정으로 분류될 수 있다. 무언가와 상호작용을 하고 있다고 말한다면 이는 경로 탐색으로 분류될 것이다. 감정에 관한 말을 할 수도 있다. 2부의 포스트잇 메모 연습문제에서 나 온 언어로 분류된 관찰을 생각하면 고객이 말했던 모든 발화는 단순하 게 장황한 설명이 아니다. 사용자가 한 말이나 행동이 특정 인터페이스 에서 사용하는 단어를 포함하는지 꼼꼼히 살펴야 한다. 나는 언어가 사 용자의 정교함 정도와 관련되며 사용자가 제품과 상호작용할 때 기대 하는 용어와도 반드시 관련이 있다고 생각한다.

고객의 입에서 나오는 단어를 모두 '말하다'의 범주로 나누면서 상 황을 지나치게 단순화하거나 말이 전달하고자 하는 정확한 의미를 놓 치지 말아야 할 것이다. 또한 고객이 사용하는 단어 유형을 근거로 고 객의 전반적인 전문 수준을 진단할 기회 역시 놓치지 말자.

행동

'경로 탐색'은 사람들이 인터페이스나 서비스를 사용하면서 이동하는 방법과 관련이 있다. 사용자는 '현재 어느 과정에 있지?' '다음 단계는 어떻게 가야하지?' 등의 질문을 스스로에게 던진다. 이는 사용자가 실 제로 무엇을 하고 있고, '제품이 어떻게 동작할 것이다'라는 기대를 바 탕으로 무엇을 할 수 있다고 믿는지에 대한 모든 것을 포괄한다. 행동 만 가지고 설명하는 것도 물론 도움이 되지만 충분하지는 않다.

의사 결정(놓치고 있는 부분)

해당 지점은 '행동'과 거의 가깝다고 볼 수 있지만, 보기/느낌/말/행동 모델은 '의사 결정'의 관점을 놓치고 있다. 이러한 표현 방식은 사용자가 문제를 어떻게 해결하고자 하는지를 언급하지 않는다. 의사 결정과 문제 해결에 관해 우리는 사용자가 문제를 해결할 수 있다고 생각하는 동기와 결정 공간에서의 그들의 조작 방식을 고려할 수 있어야 한다.

기억(놓치고 있는 부분)

기억은 보기/느낌/말/행동 모델에서 건성으로 취급되어지고 있다. 우리는 디자이너로서 사람들이 문제를 해결하기 위해 사용하는 비유와 그들이 기대하는 새로운 경험으로의 상호작용 스타일을 알아야 한다. 또한 우리는 사용자들이 본인들도 모르는 새에 행동과 말을 통해 표출하는 정보를 포함하여 그들의 과거 경험과 기대를 파악할 수 있어야 한다. 그러나 보기/느낌/말/행동 차트는 고객이 사용하고 있는 기억과 프레임워크를 놓치고 있다.

없는 것 보다는 낫지만, 보기/느낌/말/행동 차트는 우리가 디자이너로서 고려해야 할 핵심적인 요소를 놓치고 있으며, 일부는 지나치게 단순화하고 있다는 사실을 기억하기 바란다. 여섯 가지 마인드로 더 높은 수준의 고객 심리 분석이 가능하다.

적용해 보기

• 아래의 기술을 활용해 고객을 세분화해 보자.
 — 여섯 가지 마인드를 녹인 맥락적 인터뷰를 진행하고 결과를 수집한다.

— 어떠한 고객과 활동이 친근함과 공통점을 공유하는지 가려낸다.

— 고객의 서로 다른 필요를 파악하고, 해당 관점에서 사용자를 세분화한다.

Chapter 16.

여섯 가지 마인드 적용: 매력, 향상, 각성

지금까지 맥락적 인터뷰를 통해 참여자들 한 사람 한 사람의 흥미로운 데이터 포인트를 추출하고 이를 여섯 가지 마인드를 바탕으로 정리하여, 고객을 여러 그룹으로 세분화했다. 이제 세분화한 데이터를 당신의 제품·서비스 디자인에 어떻게 적용시킬지 생각해 볼 차례이다.

이 장에서는 고객에게 제품·서비스의 매력 어필하기, 고객 경험 향상하기, 고객의 열정 깨우기가 정확하게 어떤 의미인지 설명하고자 한다. 내용을 요약하면 다음과 같다.

- 고객이 제품과 서비스를 구매하게 하려면 어떤 매력이 있어야 할까?
- 제품과 서비스의 어떤 특징이 고객에게 당장에 쓸모가 있을 뿐 아니라 장기적으로 긍정적인 경험을 제공해서 만족감을 오래 유지시킬 수 있을까?
- 사용자의 가장 깊은 목표와 욕망을 실현하는 데 제품과 서비스가 어떤 도움을 줄 수 있을까?

이제부터 여섯 가지 마인드의 데이터 유형을 살펴보고자 한다. 이론을 실전으로 옮길 수 있는 예시도 제시할 것이다.

매력: 사람들이 원하는 것

우리의 주된 관심은 고객에게 매력을 어필하는 것이다. 쿨 헌팅Cool Hunting
은 이 분야에 디지털 참조 포인트를 보여 주는 유명한 웹 사이트다(http://
coolhunting.com). 이곳은 트렌디한 호텔이나 요가 장비, 최첨단 장난감 등
모든 것을 아우르는 기사를 큐레이션 하는 사이트다. 그렇다면 사람들이 찾
고 원하는 새로운 트렌드는 무엇일까?

우리가 하고 있는 논의가 트렌드를 넘어서 고객의 근본적인 욕구 파악
을 다루고 있음을 고려할 때 '매력'이라는 개념이 다소 피상적이라고 느껴
질 수도 있을 것이다. 하지만 당신이 어떤 제품이나 서비스를 제공하든지
간에, 고객을 어필하는 일은 매우 중요하다. 그들이 당신의 제품과 서비스
를 자신이 찾고 있던 바로 그것이라고 생각하게 만드는 것이 필요하다.

때로는 고객이 원하는 것과 고객에게 이익이 되는 것이 서로 다른 지점
일 수 있다. 이는 결코 쉬운 상황이 아니다. 우리는 그들에게 매력을 발산하
기 위해 준비하면서, 그들이 원하는 게 바로 이것이라고 생각하도록 어필해
야 한다. 다른 무언가가 그들에게 훨씬 더 이로울 수 있다고 하더라도 말이
다. 고객에게 매력을 어필한 이후, 그들이 신중한 결정을 할 수 있도록 그들
을 교육하는 것이 가장 이상적이다.

언제나 고객이 원하고 필요하다고 말하는 지점에서 시작해야 한다. 그
지점이 고객의 내면 깊은 곳에서 나오는 이야기가 아닐지라도 말이다. 고객
이 액면 가치face value로 말하고 있는, 즉 표면적인 지점을 고려할 수 있어야
하는 것이다.

여섯 가지 마인드의 데이터 중에서 매력에 관한 세 가지 차원은 아래와
같다.

시선/주의

제품과 서비스를 사용하는 고객들은 눈으로 무엇을 보고 있는가? 특정한 이미지, 단어, 차트 등을 보고 있거나 웹 사이트, 도구, 앱이나 특정한 기능의 구체적인 측면을 살피고 있을 수도 있다. 사용자의 시선이 어디에 머물러 있는지, 왜 그곳에 머물러 있는지 분석하는 작업이 필요하다.

언어

사용자가 특정 단어를 주시할 수도 있다. 이런 경우 그들이 찾고 있는 것을 묘사하기 위해 사용되는 실제 단어들을 고려해야 한다. 가령 고객에게 더 좋은 것은 '신용 상담' 코너인데 '신용카드 잔고 이월'을 살펴보고 있을 수도 있다.

의사 결정

고객이 해결하려는 문제를 고려하고 해결책으로 무엇을 생각하고 있는지 파악해야 한다. 설명한 것처럼 고객이 생각하는 문제와 근본적으로 진짜 뿌리 깊은 문제의 원인은 확실히 다를 수도 있다. 예를 들면 기침이 나면 기침약이 해결책이라고 생각할 수 있는데 실제 문제는 알레르기와 관련이 있을 수도 있다. 고객이 필요하다고 생각하는 것을 제안하기 전에 먼저 고객이 생각하는 문제와 해결책을 확인해야 한다.

향상: 사람들에게 필요한 것

다음으로 고객의 삶을 개선하기 위해 어떻게 한 단계 더 나아갈 수 있는지 살펴보도록 하자. 인기 있는 웹 사이트 주제와 맞추기 위해 라이프해커 Lifehacker 사이트를 고려해 보기를 바란다(http://lifehacker.com/). 이곳은 활동적인 현대인들을 위한 DIY 팁과 일상적인 생활 조언을 알려 주는 사이트이다. 이는 사람들의 필요에 실제로 부합하고 문제를 해결하는 제품을 고객에게 제시하는 훌륭한 사례이다. 고객의 삶의 질을 개선하기 위해 우리는 고객이 하는 말의 차원을 넘어서 고객이 진짜 해결해야 하는 문제가 무엇인지를 고려해야 한다.

장기적인 해결책

택시 어플 우버나 리프트를 생각해 보자. 밤늦게 택시를 타려면 힘들다. 택시 자체가 잘 없을 수도 있고 택시의 고객 서비스가 나쁠 수도 있다. 어쩌면 사람들에게 정말 필요한 건 택시를 편리하게 예약해서 택시를 대령하는 것일 수도 있다. 고객의 니즈에 맞춰 어린 자녀나 어르신들을 위한 자동차 탑승 서비스가 생겨났다. 해당 서비스를 통해 탑승객의 현 위치를 파악하거나 그들이 잘 가고 있는지 등을 확인할 수 있다. 이처럼 디자이너는 새로운 유형의 도구를 제시해서 고객에게 장기적으로 문제 해결을 제시할 수 있어야 한다.

완전히 새로운 서비스

어쩌면 고객은 완전히 새로운 유형의 리마인더나 알람 시스템을 원할 수도 있다. 적어둔 메모를 하루 내내 들여다보지는 않으니 집으로 돌아가는 길에 식료품을 사는 것을 잊어버리게 된다. 핸드폰은 늘 들여다보고 있으니 핸드폰에 리마인더 설정을 해두면 훨씬 효율적일 수 있다.

기능 알려 주기

우리의 고객은 수신함에 알고 있는 특정한 메일을 찾으며 시간을 낭비만 하고 못 찾는 경우가 있다. 콜론(:)을 입력하고 보내는 사람의 이메일 주소를 치면 그 사람과 주고받은 이메일만 모두 가져올 수 있는데 이런 단축키나 명령어를 가르쳐주는 게 해결책이 될 수 있다. 기능을 사용자에게 알려 주면 업무 효율이 개선되고 일하면서 시간을 절약하는 방법이 될 수 있다.

새로운 도구

고객이 직접 누군가를 만나려고 하는데 일정이 잘 안 맞을 수도 있다. 이러한 경우 화상 회의 툴을 사용하는 방법을 고객에게 공유한다면 유용할 것이다.

이러한 것은 모두 사람들의 행동을 바꾸고 상당한 시간을 절약하고 가까운 미래의 구체적인 문제를 합리적으로 처리할 수 있는 사물의 예시이다. 자, 이제 여섯 가지 마인드를 어떻게 적용할 수 있는지 살펴보도록 하자.

의사 결정

디자이너라면 의사 결정이라는 개념에 초점을 맞춰 고객이 겪고 있는 문제를 살펴보는 일이 일상이 되어야 한다. 고객이 현재 해결해야 할 문제에는 어떤 게 있을까? 업무에서? 혹은 출퇴근 길에서? 왜 그런 문제가 생겼을까? 교통수단 자체의 문제일까 아니면 교통수단 이용 방법을 고객이 잘 알지 못해서일까? 사용자의 문제를 해결하기 위해 우리는 진짜 문제를 꿰뚫어 볼 수 있어야 한다. 이는 우리가 앞서 논의했던 디자인 씽킹의 개념과도 매우 비슷하다. 디자인 씽킹과 더불어 공감 연구에 관해 이야기하고자 한다. 실제 문제가 무엇인지 분별을 도울 방법을 살펴볼 것이다.

기억

디자이너로서 우리는 또한 고객의 기준이 되는 틀이 최신 기술력을 갖추고 있는지 알아야 한다. 예를 들어 고객이 수표를 우편으로 보내는 것보다 더 쉬운 방법을 찾고자 할 수 있다. 실제로 온라인으로 청구서를 지불하는 방법을 배우는 것이 더 나을 것이다. 나는 디지털 솔루션 분야에서 작업할 때가 훨씬 많기 때문에 종이와 연필을 사용하는 사람들의 세계관 혹은 더욱 전통적인 온라인 세계관과는 다를 수 있는 온라인 세계에서 우리가 할 수 있는 것들을 고민한다. 새로운 도구에 대한 한 가지 예시로는 누군가와 미팅을 할 수 있게 물어보는 자동응답을 들 수 있겠다. 자동응답 도구가 "존은 화요일에 바빠요. 수요일은 어떤가요?"라고 답하는 것이다. 일반적인 사람들이 생각하는 기준의 틀은 최신 도구에 대한 이해보다는 옛날 방식을 근거로 하는 경우가 많다.

감정

이러한 상황을 겪고 있는 운전자에게 어떤 어려움이 있는지 살펴보고자 한다. 현재의 해결책이 운전자의 고객을 불쾌하게 하거나 실망하게 한 원인은 무엇인가? 이러한 감정의 숨겨진 원인은 무엇인가? 택시의 예시로 돌아가 보면 문제는 타이밍, 믿음, 탑승 안전에 관한 걱정에 있다는 사실을 발견할 수 있다. 개인 안전과 관련된 문제를 발견한다면, 걱정을 극복할 수 있는 해결책을 찾아야 할 것이다. 특별히 무엇이 불편한지도 알아야 한다. 대부분의 택시 이용 고객은 정해진 시간 안에 특정 장소에 도착할 수 있는지에 대한 확신이 필요하다.

이 모든 것을 고려한다면, 중단기적으로 고객의 삶의 질을 개선할 수 있는 게 무엇인지 생각하는 데 도움이 된다.

각성: 더 높은 목표를 실현하다

고객의 필요에 맞춰 제품과 서비스에 사용자를 끌어들이고, 그들의 장기적인 문제를 해결할 수 있다면, 고객은 결국 우리 곁에 남게 될 것이다. 우리의 제품이 그들의 더 높은 목표점에 부합한다면 말이다. 각성을 이해하고자 한다면, 자기 성찰의 개념을 먼저 생각해 보기를 바란다. 사람들의 열정을 진정으로 일깨우는 것은 실제로 어떤 의미가 있을까?

여섯 가지 마인드 중 어떤 것들이 고객 내면의 목표를 깨우는 데 도움을 줄 수 있을지 생각해 보자.

감정

고객들이 이러한 삶의 목표를 추구할 수 있도록 하는 것에 대해 생각하고자 한다. 고객이 성취감을 느끼게 하려면 어떻게 해야 할까? 자유롭게 여행할 수 있는 충분한 경비를 제공? 12인용 코스 저녁 식사를 주최할 수 있을 만큼 큰 집을 사는 것? 교수로서 정년 보장받기? 이와 같은 고객의 동기 요인이 무엇인지 이해해야 할 것이다. 그들의 문제를 해결하면서, 우리가 제공하는 해결책을 통해 그들이 의도한 목적지에 어떻게 도착하는지 확인할 수 있다.

기억

고객 내면의 목표와 두려움에 대한 일부 해답은 기억으로부터 나온다. 가족 모두가 농업에 종사하는 환경에서 자란 어떤 이에게는 그 틀을 깨고 대학교를 진학하는 것이 성공의 개념이 될 수도 있다. 이와 같이 사람들은 과거의 경험을 바탕으로 목표를 정의하는 경향이 있다.

의사 결정

문제 해결에 있어서 고객의 장기적인 목표를 이해할 수 있어야 한다. 이 부분은 기억과 관련 있을 수도 있지만, 고객이 성취했다고 믿는 단계에 이르는 것과 관련되기도 한다. 그들의 문제 공간을 정의하고, 그들이 목표를 달성하기 위해 그 공간에서 어떻게 움직이려 하는지 파악할 수 있어야 한다.

생각해 볼 거리

제품과 서비스를 즐기고 있는 고객의 감정적인 동기를 찾아내는 것은 긍정적인 피드백 순환을 형성하는 데 도움을 준다. 그들에게 긍정적인 영향을 끼칠 수 있는 실질적인 방법에는 무엇이 있을까? 제품과 서비스의 수명 주기 전반에 걸쳐서, 고객에게 즉각적이면서도 장기적인 이점을 보여주고, 그들의 궁극적인 목표 달성을 위해 어떤 도움을 주고 있는지 보여줌으로써, 우리는 고객의 충성심을 얻을 수 있다. 고객이 우리의 제품을 너무 좋아해서, 직접 홍보하는 것이 이상적이다. 고객이 브랜드 홍보 대사 역할을 하는 것이다. 이러한 유형의 수명 주기를 관리하는 방법에는 여러 가지가 있다. 우리는 고객의 확고한 목표와 이에 순응하는 감정을 논하고 있으므로, 대게 이러한 수명 주기는 수개월이 걸린다. 우리는 고객이 장기적으로 무엇을 가장 희망적으로 여기는지 생각해 보아야 한다. 그들이 실제로 어떤 노력을 하는지, 목표에 도달하는 데 걸림돌로 여기는 것은 무엇인지, 그들이 되고자 하는 페르소나는 무엇인지도 고려해야 할 것이다.

이는 모두 앞서 이야기 했던 개념이지만, 우리는 디자이너로서 이러한 통찰을 실용적으로 활용하고자 한다. 고객이 제품을 구매하도록 이끄는 요인은 무엇인지, 중단기적으로 제품과 서비스를 사용하는 데 걸림돌이 되는 것은 무엇인지, 고객이 제품과 서비스에 만족을 느끼고 홍보까지 하게 만드는 요인은 무엇인지 생각해 보자.

사례 연구: 건축업자

문제: 우리의 의뢰인 중에 절연재, 철근, 전선과 같은 건축 자재를 판매하는 기업이 있었다. 그들은 요즘 가장 인기있는 제품보다 저렴하고 성능은 더 좋은 최신식 연장과 기술을 보유하고 있었다. 의뢰인이 상대하는 고객은 실

제 건축업자들이었는데, 이들은 대체로 기존에 일하던 방식을 바꾸려고 하지 않았다. 의뢰인은 새로운 기술을 도입하면 장기적으로 이익이 된다는 점을 고객이 이해하지 못하는 걸림돌과 씨름하고 있었다. 우리는 의뢰인을 돕기 위해 경험의 여섯 가지 마인드 중 몇 가지를 사용했다.

문제 해결

건축업자들과의 맥락적 인터뷰를 통해서 우리는 이들이 효율을 가장 중시한다는 점을 알게 되었다. 그들은 일반적으로 고정된 가격으로 작업을 제공하는데, 한 프로젝트가 예상 시간보다 더 오래 걸리면 다른 프로젝트에서 일할 시간이 줄어 결국 비용 손실이 생기는 것이다. 작업이 오래 걸릴수록 건설업체가 벌어들이는 수익은 줄기 때문에 최대한 효율적으로 작업을 완료해야 한다는 생각이 그들에게는 지배적이었다. 예를 들어 이들은 파이프를 설치할 때에도 비용이나 다른 요소보다도 빠른 시간 내에 설치되는지를 확인하려고 했다. 그렇기에 고성능이면서도 저렴한 신식 파이프는 복잡해서 실제로 건축자들에게 어려움으로 다가왔던 것이었다. 설치하는 데 직원을 훈련하려면 시간이 추가적으로 들어가기 때문이다.

관심

우리는 의뢰인이 가진 문제 해결의 핵심은 건축자들의 관심을 얻는 것이라는 점을 발견할 수 있었다. 건축자들은 프로젝트 시간을 단축하는 것에만 신경을 쓰고 있었다. 장기적으로 어느 제품이 자신의 고객들에게 이익을 주는지의 여부는 생각하지 않고, 곧장 다음 프로젝트를 진행하기 위해 현재의 프로젝트를 빠르게 마쳐야 한다는 단기적인 목표에만 매달리고 있었다. 효율 중심적이고, 원래의 방식만을 고집하려는 건축자들에게 의뢰인의 제품이 매력적으로 보일 수 있도록 어필하는 마케팅 전략이 필요한 시점이었다.

언어

우리는 제품 제조업자인 의뢰인과 제품을 실제 설치하는 건축자들이 사용하는 언어가 서로 다르다는 점도 관찰할 수 있었다. 의뢰인은 '프로실 메그네이트ProSeal Magnate'와 같은 어려운 엔지니어링 용어를 사용하고 있었는데, 이는 같은 언어를 쓰지 않는 건축자들로 하여금 신제품에 대해 더욱 불확실하게 느껴지도록 만들었다.

감정

건축자들은 어떠한 두려운 감정을 가지고 있었다. 이들은 새로운 제품이 작동을 제대로 하지 않을 수도 있다는 점을 걱정하고 있었다. 설치법이 익숙한 원래의 제품을 고집하는 것도 자연스럽게 이해되었다. 그러나 넓은 의미에서 건축자들의 최대 우려는 자신들에게 일감을 주는 고객들과의 신뢰 관계를 잃는 것이었다. 고객과의 신뢰를 유지하는 일이 이들에게는 가장 주요한 관심사였다.

결과: 우리는 건축업자의 관심사, 문제 해결 방식, 사용하는 언어, 감정적인 동기 등 모든 상황을 종합적으로 살폈다. 그리고 조사 결과를 토대로 우리는 의뢰인에게 매우 다른 접근법을 제시할 수 있었다. 우리는 그들이 다른 어떤 것보다 신소재의 시간 절약 가능성에 초점을 맞출 것을 권고했다. 또한 제품 브랜딩 및 마케팅에 있어서 건축업자들에게 익숙한 언어를 사용할 것과 신제품이 더 빠르게 설치되고, 잘 작동한다는 점을 확실하게 알리는 데 집중할 것을 추천했다. 또한 건축업자들에게 무료 교육및 제품 샘플을 제공하고, 일반 건설업자들에게도 연락을 취해 제품의 이점을 널리 알리는 것을 고려해 보라고 조언하였다.

몇몇 조사 결과는 너무나도 명백해서 새로운 깨달음을 얻었다고 보기 어려울 수 있지만, 경험의 여섯 가지 마인드 데이터를 분석하다 보면 꽤나 자주 새로운 사실을 알게 되는 것은 분명하다. 깜짝 놀랄 만한 발견은 아니더라도 여섯 가지 마인드에 입각한 맥락적 인터뷰 결과는 미처 못 보고 넘어갈 수 있는 사항을 지적하며 제품 디자인 및 마케팅 방식을 완전히 새롭게 설정하는 데 도움을 준다.

과거의 의뢰인은 이러한 요소들을 고려하지 않았었다. 여섯 가지 마인드를 통해서 우리는 하도급 업체와 일반 계약자 사이의 관계가 깨지기 쉽다는 구체적인 내용을 확인할 수 있었다. 또한 그들의 언어와 감정을 통해 그들이 현재 어떤 것에 주의를 기울이고 있는지도 파악할 수 있었다. 이러한 결과들을 토대로, 우리는 인지적, 감정적 동인을 중심으로 판매 효과를 높이는 시스템을 추천할 수 있었다.

사례 연구: 고액 순자산 보유자

문제: 금융업에 종사하는 의뢰인을 컨설팅한 적이 있다. 그는 고액 순자산 보유자에게 제공할만한 제품과 서비스가 어떤 게 있는지 살펴보기 원했다. 우리 팀은 고액 순자산 보유 고객들의 충족되지 않은 욕구를 발견하기 위해 노력한 결과 아래의 지점들을 도출할 수 있었다.

주의

우리는 고액 순자산 보유자들이 관심을 두는 것 외에 관심을 가지지 않는 부분에도 주목했다. 이 그룹의 사람들이 눈코 뜰 새 없이 바쁘다고 생각했다면 크나큰 오산이다. 젊은 전문직 종사자든, 일하는 부부든, 은퇴한 사람이든 간에 이들의 삶은 모두 헌신과 다양한 활동으로 가득 채워져 있었다. 사무실에 앉아 있기도 하고, 개인 강습을 받거나 자녀를 학교에서 데리고 오거나, 요리나 봉사활동을 하고, 소프트볼 경기에 참여했다. 그들의 하루는 다양한 활동들을 하며 상당히 여유롭게 흘러 갔다. 다양한 종류의 헌신, 욕구, 우선순위가 이들을 끌어당기고 있었기 때문에, 이들의 관심은 여러 방면으로 흩어져 있었다.

감정

이 그룹의 사람들은 모두 생산성과 성공에 대한 야망이 있는 게 분명했다. 그러나 삶의 단계에 따라 근본적인 목표에는 서로 다른 차이가 있음을 발견할 수 있었다.

전문직 종사자들은 상당수가 돈을 많이 버는 것으로 자아를 찾고, 성공과 행복의 의미를 정의 내리고 있었다. 반면 자녀를 둔 부모는 성공과 행복의 개념에 대해 매우 다른 정의를 가지고 있었다. 그들은 성공적인 가정 생활에 집중하면서, 그들의 자녀가 축구 연습에서부터 대학 진학에 이르기까지 모든 필요가 충족되었는지를 확인하기 원했다. 그러나 한편으로 그들은 스스로의 가치를 잃게 될까 봐 염려하고 있었다. 보다 연배가 있는 어른들의 경우, 자아 발견에 대한 첫 번째 개념으로 되돌아갔다. 음악을 계속 배우고 싶었던 한 신사 분은 친구들과 함께 음악 연주를 할 수 있도록 그의 지하실에 스튜디오를 만들었다. 역사적인 장소를 탐방하는 꿈을 이루고자 하는 분도 계셨다. 이들은 자신을 행복하게 하는 일이 무엇인지 잘 알고 있었다.

언어

고액 순자산 보유자들의 근본적인 삶의 목표 차이는 그들이 사용하는 언어에서도 나타났다. 우리는 각각의 세부 그룹에게 '사치'에 대한 정의가 무엇이라고 생각하는지 물었다. 이에 대해 젊은 전문직 종사자들은 일등석 비행 좌석 혹은 이국적인 장소에서의 모험, 그리고 자아 발견에 있어 깊은 수준의 목표를 달성하는 것을 언급했다. 가정이 있는 사람들은 아이들이 야외에서 자유롭게 뛰놀 수 있는 공간에서 근사한 저녁 식사를 하고, 설거지 걱정을 하지 않으면서, 가족과 함께 즐거운 시간을 가지는 목표를 이루는 것과 부모로서 온전한 정신을 유지하는 것 등을 답했다. 은퇴한 사람들의 그룹은 생애 최고의 여행을 떠나거나, 정말 자신이 원하는 삶을 살고 원하는 경험을 하고 있다고 여기는 고차원적인 목표를 말했다. 이처럼 언어적 관점에서 살펴 봤을 때, '사치'와 같은 아무리 단순한 말의 표현일지라도 다양한 고객군에게 극적으로 다른 의미를 지닐 수 있음을 알 수 있다.

결과: 여섯 가지 마인드를 사용해 수집한 연구 결과는 서로 다른 그룹의 고액 순자산 보유 개인들의 요구에 부합하는 제품을 만드는 열쇠였다. 우리는 다른 그룹에 비해 어르신들이 서비스를 충분히 제공받지 못하고 있는 점을 지적했다.

신용카드를 비롯한 기타 은행 상품이 어떻게 판매되고 있는지 살펴본 결과, 우리는 대부분의 금융 서비스가 젊은 전문직 종사자 혹은 자녀를 둔 부부를 대상으로 하는 경향이 있음을 발견할 수 있었다. 노인을 대상으로 한 금융 상품이 의외로 거의 없었던 것이다. 여섯 가지 마인드 데이터를 모두 확보함으로써 우리는 의뢰인의 새로운 제품 및 서비스 설계에 도움을 줄 수 있었다.

적용해 보기

- 제품의 광고, 홍보, 그리고 브랜드 약속을 통해 고객에게 어필하자.
- 고객의 시선과 주의를 살피자. 이들이 찾고 있는 것은 무엇인가? 무엇

이 그들을 끌어당기는가? 얻고자 하는 것을 묘사하기 위해 이들은 어떤 언어를 사용하는가?

- 고객의 삶의 질을 향상하는 제품과 서비스를 디자인하자.
- 고객의 의사 결정, 문제 해결, 기억 프레임워크를 살펴 보자. 이들이 해결해야 하는 문제는 무엇인지, 무엇이 그 문제를 궁극적으로 해설할 수 있을지, 고객의 고정 관념을 어떻게 바꿀 수 있을지, 기존의 관점과 비교했을 때 적용이 가능한 부분과 적용이 불가한 부분은 각각 무엇인지 생각해 보자.
- 고객 내면의 삶의 목표를 일깨우자.
- 고객의 깊은 감정을 살피자. 무엇이 이들의 반향을 불러일으키고, 이들의 가장 큰 목표와 두려움으로 연결되는가? 그렇다면 제품과 서비스의 어떤 부분이 이들의 두려움을 진정시키는 데 도움을 줄 수 있는가? 이들이 목표를 향해 진보하도록 어떻게 도울 것인가?

Chapter 17.

더 빨리, 더 자주 성공하기

나는 아직 산업 표준인 구축—테스트—학습 단계를 권장하지만, 여섯 가지 마인드를 통해 습득한 정보를 활용하면 더욱 빠르게 성공적인 솔루션을 얻을 수 있다고 믿는다.

이번 장에서는 디자인 프로세스에 대한 더블 다이아몬드 접근법Double Diamond Approach을 살펴보고자 한다. 여섯 가지 마인드를 사용하여 가능한 선택지를 좁히고, 최적의 디자인을 고르는 방법을 제시할 것이다. 또한 새로운 제품 및 서비스를 개발, 프로토타입 시연, 경쟁사 비교를 통해 학습하는 방법에 대해서도 알아보고자 한다.

지금까지 우리는 제품과 서비스를 경험하는 고객의 관점에서 그들이 겪는 문제를 이해하고, 이를 공감하는 것에 초점을 맞췄다. 고객 데이터를 분석하기 위해 시간을 들이는 것은 당연하다. 이러한 데이터 분석은 문제를 보다 명확하게 찾을 수 있도록 하고, 우리가 집중해야 할 솔루션을 식별하며, 시간 낭비 없는 디자인 프로세스를 제시하기 때문이다. "더 빨리, 더 자주 실패하기Fail fast, Fail often"라는 개념에 도전하고자 한다. 여섯 가지 마인드 접근법이 순환 주기의 시행착오를 줄일 수 있기 때문이다.

확산적 사고, 수렴적 사고

디자이너라면 대체로 더블 다이아몬드 디자인 프로세스Double Diamond design process에 익숙하리라 생각된다. 해당 프로세스의 주기는 발견, 정의, 개발, 전달의 4가지 단계로 구성된다(그림17-1).

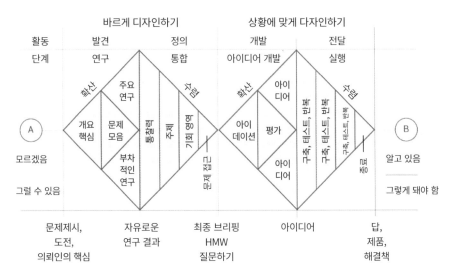

그림 17-1 더블 다이아몬드 디자인 프로세스

　더블 다이아몬드 과정은 다소 복잡해 보일 수 있다. 이때 여섯 가지 마인드 접근 방식은 디자이너인 우리의 노력을 집중시키는데 도움이 된다. 더블 다이아몬드 프로세스의 발견 단계에 대해 이야기 하는 좋은 책들이 이미 많기 때문에, 기업과 사용자의 목표를 연결하는 발견 단계를 여기서 다루지는 않겠다.

첫 번째 다이아몬드: 발견과 정의

더블 다이아몬드 프레임워크 내에서, 우리는 먼저 고객과 공감하고 문제를 인지하는 발견 단계를 가진다. 그 다음은 정의 단계로 문제의 어느 지점에 중점을 두고 살필지 생각하는 과정이다.

여섯 가지 마인드 작업은 일반적으로 발견 과정에 적합한 것으로 여겨 진다. 이 방식은 고객의 필요와 문제에 대해 공감대를 형성하는 것은 물론 고객의 인지 과정과 사고에 관한 더 많은 정보를 포착할 수 있는 정교하면 서도 효율적인 방법을 제공한다. 우리는 고객을 더욱 이해하기 위한 연구를 진행하면서, 여러 가지 인사이트와 구체적인 기회 영역을 만들어 가고 있 다. 이제 다음 질문의 해답을 얻기 위해 지금까지의 연구 결과를 사용하려 고 한다.

- 무엇이 고객을 어필하는가(고객이 원하는 것을 설명하기 위해 사용하는 언 어는 무엇인지, 그리고 무엇이 그들의 관심을 끄는지)?
- 무엇이 고객의 삶의 질을 높이는가(이들의 문제를 해결하고, 우리의 제품· 서비스와 상호작용하는 이들의 틀을 확장하도록 돕는지)?
- 무엇이 그들의 열정을 깨우는가(이들이 스스로 중요한 성취를 이루고 있다 고 느끼게 만들고 있는지)?

두 번째 다이아몬드: 개발과 전달

두 번째 다이아몬드를 이해할 즈음에는 제품, 서비스로 해결하고자 하는 고 객의 문제를 규정했을 것이다. 이제 문제를 해결하는 제품, 서비스에 가장 적합한 디자인을 선정해야 한다.

디자인의 선택지는 끝없이 많아 보일 것이다. 이때 올바른 프로세스를 신속하게 선정하려면, 가능한 솔루션 경로를 제한하는 방법이 필요하다. 여섯 가지 마인드 프레임워크는 의사 결정을 알려 제품의 가능성을 크게 줄이도록 설계되었다. 분석하는 과정에서 제기되는 수많은 질문에 대한 답은 필요한 디자인에 대한 정보를 제공할 뿐 아니라 의미 없는 디자인 탐구에 몰두하는 시행착오를 줄여준다.

시선/주의

최종 고객은 무엇을 얻고자 하는가? 무엇이 그들의 주의를 집중시키는가? 그들이 기대하는 언어와 이미지는 무엇인가? 고객은 그들이 원하는 정보를 얻기 위해 제품과 서비스의 어느 부분을 살피고 있는가? 여섯 가지 마인드 연구는 디자이너가 가지는 질문들에 대한 많은 답을 준다. 고객이 가지는 다양한 이해를 고려할 때, 디자이너는 비로소 고객의 기대를 맞출지, 아니면 의도적으로 벗어날 것인지 여부를 결정할 수 있다.

경로 탐색

우리는 다음과 같은 질문에 대한 답을 포함하여, 인터랙션 모델interaction model을 디자인하기 위한 유의미한 단서를 얻게 된다. 고객은 물리적 공간 혹은 가상 공간에서 어떻게 이동할 것으로 예상하는가? 고객이 디자인과 상호작용할 수 있는 방법에는 무엇이 있을까? 자신의 위치를 확인하기 위해 고객은 어떠한 단서를 찾고 있는가? 고객에게 가장 도움이 되는 상호작용은 무엇인가?

기억

우리는 고객 기대와 관련 높은 정보를 얻게 될 것이다. 어떠한 과거의 경험이 현재 고객의 기대를 형성하는데 영향을 주는가? 그들의 기대와 가장 잘 호환하고 동기화될 수 있는 디자인은 무엇인가? 새로운 제품과 상호작용하기 위해 고객은 어떠한 과거 기억을 참고할 것인가? 우리는 고객의 기대 중 일부를 충족함으로써, 그들의 수용 속도를 높이고, 그들의 신뢰를 얻을 수 있다.

혁신을 가로막고 있는가?

혁신하지 말라고 말하려는 게 아니다. 그러나 새로운 종류의 상호작용, 관심을 끄는 새로운 방법, 새로운 패러다임을 제시할 만한 적절한 때가 존재한다는 점을 기억해야 한다. 먼저는 기존 지식의 틀 안에서 혁신할 점들을 생각하고, 혼자만의 엄청난 노력을 절약할 방법에 대해 생각해 보아야 할 것이다. 기존의 것들 내에서 작업할 때, 우리의 수용 속도를 획기적으로 높아진다. 기억해야 할 세 가지 사항은 다음과 같다.

언어

고객이 특정 분야에 어느 정도의 전문 지식을 가지는지 알아야 한다. 고객이 가장 이해하기 쉬운 언어 스타일은 무엇인가? 어떤 언어가 고객의 신뢰를 얻고 그들에게 가장 유용하게 작용할 것인가?

문제 해결

고객은 스스로 그들의 문제가 무엇이라고 생각하는가? 사용자가 생각하는 것보다 더 많은 문제 공간이 실제로 있는가? 문제를 해결하기 위해 고객의 기대나 믿음이 어떻게 바뀌어야 하는가?

감정

고객의 문제 해결을 도울 때, 어떤 방법으로 그들의 목표와 일치하고,

그들의 두려움을 완화할 수 있을까? 먼저 고객에게 우리가 그들의 단기적인 목표를 돕고 있음을 보여야 한다. 그런 다음 그들이 우리의 제품 및 서비스로 하고 있는 것이 그들의 최종 목표와도 일치하는 것을 어필해야 할 것이다.

여섯 가지 마인드에는 디자이너로서 우리가 이미 가지고 있는 정보의 연장선에서 보다 건설적으로 아이디어를 낼 수 있는 많은 요소가 존재한다. 여섯 가지 마인드를 활용함으로써 우리는 우리의 콘셉트가 테스트 단계에 도달했을 때 성공할 가능성을 더욱 높일 수 있다. 단지 방대한 분량의 아이디어만 가지고 있는 것이 아니라, 우리는 우리의 디자인이 나아가야 할 방향에 관한 모든 단서를 가진 것이나 마찬가지다. 이는 또한 우리가 기본적인 인터랙션 디자인에 관해 논의하기 보다는 전반적인 콘셉트나 브랜딩에 관해 더 많은 시간을 쓸 수 있다는 것을 의미한다.

디자인 씽킹하기

디자인 스튜디오 IDEO에 의해 대중화된 디자인 씽킹은 산업 디자인을 만들기 위한 프로세스를 공식화하는 방법에 대한 초기 아이디어로 거슬러 올라간다. 이 개념은 또한 70년대 심리학자이자 사회과학자인 허버트 사이먼 Herbert Simon의 체계적인 창의성과 문제 해결에 대한 잘 알려진 심리학 연구에 기원을 두고 있다.

수술 과정에서 외과 의사의 눈 역할을 하는 카메라 제품을 만든다고 생각해보자. 내 디자인이 정확하게 조작되고 바르게 굽혀지는지 확인하려면 도구를 올바른 방식으로 설계해야 하는 점은 분명하다. 프로토타입을 만들면서 공학자는 무게와 손잡이의 중요성 등을 배우게 될 것이다. 이와 마찬가지로 제품을 만들기 시작할 때까지 작용하는 요소가 수없이 많아서 미처 파악이 안 되는 것들도 있다. 문자 그대로 디자인하면서 생각하는 아이데이션 단계가 필요한 이유이다.

상호작용과 서비스 흐름의 초기 스케치의 중요성을 과소평가해서는 안 된다. 마이크로소프트의 선임 연구원인 빌 벅스턴Bill Buxton은 자신의 저서 『사용자 경험 스케치Sketching User Experiences』에서 이에 대해 잘 설명했다. 올바르게 디자인하면 올바른 디자인을 얻는다. 벅스톤은 유능한 설계자라면 10분 만에 문제를 해결하는 방법을 일곱 가지에서 열 가지로 생각해낼 수 있어야 한다고 제안했다. 완전히 체계적인 해결 방법은 아니라도 다른 해결책과 스타일을 빠르게 잡을 수 있으면 된다. 검토하면서 대략적인 여러 방안은 어떤 디자인 방향이 유익하고 앞으로 연구해볼 가치가 있는지 알아내는 데 도움이 될 수 있다. 벅스턴과 마찬가지로 나 역시 프로토타입 스케치prototype sketch가 실제로 많이 도움이 된다고 생각한다. 또한 해결책이 얼마나 다양할 수 있는지도 앞으로 제시하고자 한다. 여러 대안을 검토하면서 기회와 문제, 상황마다 매우 유용한 통찰력을 발견할 수 있을 것이다.

이렇듯 여섯 가지 마인드로 접근할 때 배우면서 만드는 과정의 접근법에 앞서 연구했던 제약과 우선순위가 적용되고 있다는 점이 확실해진다. 이러한 제약은 우리를 구속하는 것이 아니라 오히려 실제로 고객에게 가장 적합한 문제 해결 공간에 대한 합의를 이끌어낼 수 있게 한다. 고객에게서 알게 된 내용에 초점을 맞춰 증거 기반의 의사 결정을 통해 프로토타입을 평가함으로써, 최고 임금을 받는 사람의 의견에 대한 의존성이 줄어든다.

다음으로 제품과 서비스를 만들기 전에 연구를 선행하는 것이 왜 그렇게 중요한지를 보여 주는 한 가지 사례를 제시하고자 한다.

사례 연구: 일단 만들어 보자!

디자인 스프린트 작업팀으로 일할 때의 일이다. 회사에게 우리의 작업 과정을 설명했더니, 회사 대표는 "말씀 주신 프로세스도 좋지만, 우리는 이미 우리가 무엇을 만들어야 하는지 알고 있습니다."라고 답했다. 그러나 대체로 이 시점에서 팀이 무엇을 민들어야 하는지 모르는 게 일반적이다. 방향이 정해져 있다고 해도, 보통 그에 대한 이유가 충분치 않다. 대표는 얼른 제품을 만드는 일을 시작하기 원했고, 우리는 곧바로 디자인 작업에 들어가야 했다.

그림 17-2을 보면 그들의 해결책이 도식 곳곳에 적혀 있는 것을 볼 수 있다. 타깃층의 의견과 해결해야 할 문제는 팀 구성원들 사이에 매우 다양하게 논의되었다. 쏟아지는 논점들 사이에서 대표는 자신이 생각했던 것처럼 정리되지 않는 것을 알게 되었다. 결국 대표는 우리의 체계적인 과정을 따르기로 했다.

우리는 회사에게 그들이 무엇을 만들고자 하는지 알 수 있도록 그들의 해결책을 개략적으로 빠르게 설명해 달라고 부탁했다. 모두가 같은 내용을 파악하고 있어야 하기 때문이었다.

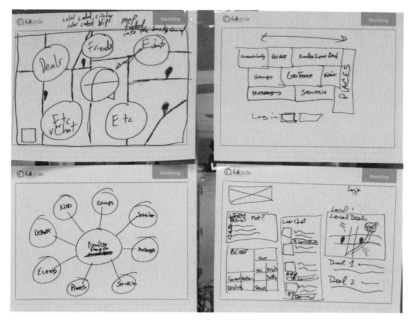

그림 17-2 웹 사이트에 대한 다양한 시각. 팀원들이 아직 단합되지 않음을 보여준다.

프로토타입과 테스트

맥락적 인터뷰에서 우리는 타깃층 고객의 시선이 어디에 있고, 제품과 서비스를 가지고 어떤 상호작용을 하는지, 어떤 언어를 사용하고 참조하는 과거 경험은 무엇인지, 해결하고자 하는 문제는 무엇이고 그들의 불안과 목표는 무엇인지 고려한다. 이러한 결과를 충분히 활용할 때 빌드 테스트에서 좀 더 신중할 수 있고, 명확한 사이클을 발견할 수 있다.

프로토타입 단계에서 우리는 맥락적 인터뷰의 여섯 가지 마인드 접근법으로 되돌아가려고 한다. 우리는 프로토타입 1호와 2호를 가지고 고객이 어디에 시선을 두는지 살펴볼 것이다. 고객이 우리 제품을 가지고 어떻게 상호작용하는 것 같은지 살펴보면서 이를 통해 고객의 기대를 파악할 것이다. 또한 특정한 프로토타입을 사용하면서 고객이 사용하는 언어를 고려하고, 그 언어가 우리가 사용하는 언어와 전문성 수준에 부합하는지도 함께 살펴볼 것이다. 프로토타입을 사용할 때 고객의 기대는 어떠한가? 고객이 해결해야 하는 문제에 관한 기대는 어떠한가? 어떤 면에서 이런 기대가 상충되거나 부합하는가? 제품과 상호작용하면서 고객이 주저하게 되는 점은 무엇인가(예: 거래 안전성에 대해 신뢰가 안 가는 상황)?

프로토타입 제작 과정 중에 우리는 한 사이클을 완전히 마치면서, 앞서 공감 연구를 통해 배운 것을 사용하고 있다. 또한 우리는 솔루션의 전부 혹은 일부를 테스트하기 위해 일련의 프로토타입을 디자인하고 있다.

이때 반드시 기억해야 할 관찰 사항에 대해 설명하겠다.

하이 피델리티의 프로토타입은 피한다

구상 중인 제품을 하이 피델리티hi-fidelity(완성에 가까운 결과물)의 프로토타입으로 제시하면 사용자는 기본적으로 이 제품이 이미 다 정해졌다고 생각하기 시작한다. 완성되지 않은 것은 알지만, 세련되고 정돈된 느낌은 제품이 거의 마지막 단계에 있는 것처럼 여겨지기 때문에 비평하기에 이미 늦었다고 생각하게 된다. 이 정도면 괜찮다고 여기거나 다르게 바꾸었으면 하는 부분이 생겨도, 지금 이대로 가는 편이 좋겠다고 생각해 버리게 되는 것이다.

내가 아직 완성도가 높지 않은 프로토타입으로 작업하기 좋아하는 이유는 바로 이 때문이다. 그렇게 되면 테스트 참여자들은 진행 과정에서 그들의 의견이 아직 입김이 작용할 수 있는 단계라고 생각하여 많은 아이디어를 낼 것이고, 이는 디자인에 좋은 영향을 줄 수 있다. 서면으로 작성한 페이퍼 프로토타입paper prototype은 결과가 다양할 수 있다. 그러므로 이 활동을 통해 이 단계에 대한 이상적인 수준이 무엇인지 아는 것이 매우 중요하다.

예를 들면 나는 고객에게 덜 완성되거나 중간 단계의 완성도를 가진 프로토타입을 제시한다. 특히 나는 다채로운 브랜드 컬러를 사용하기 보다는 흑백의 컬러를 고집한다. 이런 대략적인 요소는 사용자에게 아직 진행되고 있는 초기 단계의 개념이라서 피드백은 최종 제품이 어떻게 설계되어야 할지 틀을 만드는 측면에서 소중하게 생각된다는 점을 알려준다.

또 다른 예로, 우리는 의뢰인이 검색 엔진을 어떻게 디자인할지 테스트하고 있었다. 테스트를 위해 우리는 먼저 어떤 맥락에서 사람들이 검색 엔진을 사용하는지 알아야 했다. 테스트할 프로토타입이 없었기 때문에 기존의 검색 엔진을 사용하도록 했다. 우리는 8살이나 9살이 된 어린이를 위해 배구공을 구매해야 하는 상황을 설정했다. 우리는 곧 사용자가 '배구공'을 검색하거나 '어린이 배구공'을 입력할 때 같은 결과가 나오는 것을 알게 되었다. 그러나 검색 엔진의 정확성을 테스트하는 것이 아니라 검색 엔진을 어떻게 구성해야 할지를 검토하는 중이었기 때문에 이러한 오류는 오히려 괜찮았다. 결과적으로 우리는 사용자가 어떠한 방식으로 검색하고, 어떤 유형의 결과를 기대하며, 어떤 포맷과 스타일로 결과를 필터링하기 원하는지, 또한 그들이 일반적으로 검색 엔진을 어떻게 사용하는지 알 수 있었다. 실제로 테스트할 프로토타입이 없어도 위와 같은 질문들에 대한 답을 얻을 수 있는 것이다.

원래 공간에서 테스트한다
이제 내가 로우 피델리티low-fidelity 프로토타입을 좋아한다는 점을 당신도 알게 되었을 것이다. 나는 또한 사람들이 무엇을 필요로 할지에 대해 생각하는 방식을 만드는 데 있어서 최선을 다해야 한다는 점을 강조하고 싶다. 맥락적 인터뷰로 돌아가서, 참여자들이 실제처럼 생각할 수 있도록 프로토타입 테스트를 그들이 진짜 일하는 공간에서 진행하는 것이 중요하다.

관찰, 관찰, 또 관찰한다

온전한 순환 주기 부분이다. 우리가 프로토타입을 테스트할 때 초기 조사 과정에서 우리가 했던 것처럼 여섯 가지 마인드 접근법으로 관찰하도록 하자. 사용자의 시선은 어디에 있는지, 어떻게 상호작용하려고 시도하는지, 어떤 언어를 사용하고 있는지, 어떤 경험을 근거로 삼아 제품과 서비스를 사용하는지, 우리가 이들의 기대에 부응하거나, 기대를 깨뜨리는 방식은 무엇인지, 사용자가 실제로 자신의 문제를 해결하고 있는지 등을 파악하는 것이다. 파악하기 조금 어려운 질문도 있다. '사용자가 이 프로토타입을 사용함으로써, 문제에 대한 그들의 초기 개념이 모호해졌고, 상황이 더 나아진 것을 어떻게 알 수 있는가?'와 같은 질문이다.

감정의 영역을 생각할 때 가장 깊은 삶의 목표를 성취하고 있다고 보여 주는 초기 단계의 프로토타입은 보통 별로 일반적이지 않다. 하지만 우리는 이 단계에서 사람들이 어떤 걱정을 하는지 알 수 있다. 젊은 광고 집행자가 수백만 달러의 광고를 구매하는 상황에서처럼 걱정이 확고한 경우에 사용자의 결정을 가로막는 요소는 무엇이며 사용자는 어느 단계에서 망설이는지, 혹은 이들이 확신하지 못하는 부분이 무엇인지 등을 프로토타입을 통해 관찰할 수 있다.

경쟁 제품과 함께 테스트한다

초기 프로토타입 테스트를 진행할 때, 실제 경쟁사의 제품과 함께 테스트하는 것을 추천한다. 이러한 예시로 학계에서 논문을 검색하는 방법을 테스트한 적이 있었다. 아직 검색 기능이 잘 작동하지 않더라도 사람들이 입력할 수 있도록 되어있는 프로토타입이었다. 그리고 해당 테스트를 구글 검색 엔진 및 학계 출판문 검색 엔진으로도 다시 진행해 보았다. 앞서 배구공 사례와 마찬가지로 우리는 경쟁 상대와 비교함으로써 어떻게 검색 결과를 표시해야 하는지, 그리고 검색 인터페이스를 어떻게 만들어야 하는지와 같은 것들을 테스트하고자 했다.

제품을 제작하기 전에 이와 유사한 테스트를 통해 경쟁사보다 앞서 나갈 새로운 방법을 모색할 수 있다. 제품이 아직 개발 단계에 있더라도 해당 작업을 수행하는 것을 두려워하지 않기 바란다. 경쟁사의 세련된 제품과 비교하거나, 프로토타입을 자신의 기존 제품과 비교하여 좌절하는 것은 어리석다.

또한 나는 당신만의 프로토타입을 몇 가지 버전으로 제시할 것을 권장한다. 테스트 참여자에게 당신의 프로토타입을 하나만 제시한다면, 매번 그들의 반응은 긍정적일 수 밖에 없다. "꽤 좋네요." "저 이거 좋아요."와 같은 어쩌면 뻔한 반응 말이다. 반면 세 가지 프로토타입을 비교하면, 그들은 상당히 실질적인 피드백을 제공하기 시작한다. "프로토타입 1호는 감당하지 못하겠고, 2호는 정말 좋은데 3호와 이러한 점을 합칠 수 있을 것 같습니다." 등의 구체적인 의견을 얻을 수 있게 되는 것이다.

경쟁사와의 제품 비교는 맥락적 인터뷰가 제시하지 않았을 수 있는 인터페이스의 아직 충족되지 않은 사용자 니즈 혹은 뉘앙스나 기존 옵션이 제공하지 못하는 유용한 특징들을 알아낼 수 있다.

적용해 보기

- AI 시스템 가동을 포함하여 제품을 시뮬레이션하고, 디자인 방향성을 사용자와 함께 테스트하자.
- 여기에 설명된 동일한 방법론을 사용하여 사용자의 인지 경험에 대한 이해를 추가로 테스트하자.
- 솔루션 공간을 구축하고 탐색할 때 실패를 줄이기 위한 방법으로 근본적인 인지 시스템과 일치하도록 실패작을 다시 작업하자.

Chapter 18.

하나의 멋진 경험을 디자인할 차례

축하한다! 이제 여러분은 인간 경험의 다양한 수준을 바탕으로 하나의 경험을 디자인하고 여섯 가지의 마인드 프레임워크를 적용해서 좀 더 체계적으로 제품과 서비스 경험을 테스트할 준비가 되었다. 디자인 방향에 대한 논쟁을 줄이고 더 나은 디자인에 빠르게 도달할 수 있도록 준비하자.

이번 장에서는 지금까지 살펴보았던 모든 내용을 요약하여 제공할 것이다. 경험의 여섯 가지 마인드를 적용해서 디자인할 때 우리가 기대할 수 있는 결과의 예시도 제시하려고 한다.

내가 계속해서 언급하는 이 경험의 여섯 가지 마인드 접근법이 고유하다고 생각하는 이유 중 하나는 '다양한 차원의 공감'이라는 개념에 있다. 고객이 해결하고자 하는 문제를 강조하면서도 그들의 의사 결정에서 작용하는 다른 인지 시스템도 함께 고려하는 것이다. 결과적으로 여섯 가지 마인드 접근법은 우리가 전통적인 고객 조사 방법을 사용할 때보다 훨씬 많은 단서를 가지고 고객의 의사 결정 과정에 우리가 관여할 수 있도록 한다.

이 장에서 마지막으로 말하고자 하는 것은 1장으로 되돌아가 언급했던 모든 요소를 통합하여 만드는 하나의 멋진 경험에 관한 것이다. 내가 말하는 '경험'은 실제 단일한 경험이 더해진 일련의 작은 경험들의 연속을 의미한다. 공항에 가는 경험을 예로 들어 보자. 해당 경험은 공항 리무진에서 내려서 발권기를 찾고, 보안 세관을 통과하고, 올바른 터미널을 찾아 게이트로 가는 등 다양한 작은 경험들로 구성되어 있다. 많은 경우, 우리의 경험은 단 한 순간의 경험이 아닌 일련의 경험을 수반한다. 우리는 디자인할 때 바로 이 경험의 연속성을 꼭 기억해야 할 것이다.

다양한 수준의 공감

린 스타트업의 개념을 알고 있는가? 린 스타트업을 간단히 설명하자면 어떠한 아이디어를 프로토타입으로 빠르게 구현한 뒤 적절한 테스트를 통해 제품을 개선하는 전략을 의미한다. 이 개념을 이야기할 때 사람들은 'Get Out Of the Building(사무실 밖으로 나가기)'의 약자인 GOOB에 대해 이야기한다. 전통적인 디자인 씽킹 방법의 공감 연구는 단순하게 실제 사용자가 살고, 일하며, 노는 맥락을 관찰하는 것으로 시작한다. 우리는 고객의 필요와 문제가 무엇인지 이해하기 위해 그들과 공감할 필요가 있다. 직관적으로 그들의 니즈를 바로 파악해서 공감할 수 있는 능력을 가진 사람도 있겠지만, 단번에 파악이 어려운 보통의 사람이라면 이러한 유형의 연구를 체계화해야 한다. 이 책의 제2부에서 제안했던 방법대로 고객과의 맥락적 인터뷰를 진행하면 메모, 낙서, 스케치, 도표, 인터뷰 녹음본 등의 그들과 공감할 수 있는 많은 양의 데이터를 얻게 될 것이다.

여섯 가지 마인드에 기반한 조사 결과가 모든 의사 결정에 반드시 영향을 미치는 건 아니다. 그러나 아래에서, 나는 그것들이 모두 작용한다고 생각하는 대표적인 예를 제시하고자 한다(그림 18-1, 18-2).

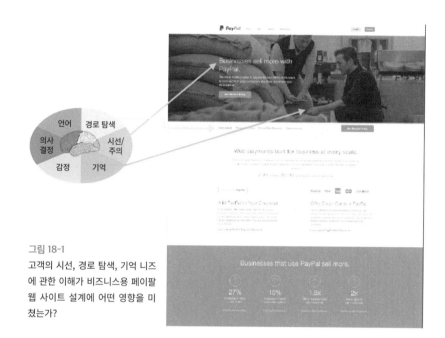

그림 18-1
고객의 시선, 경로 탐색, 기억 니즈
에 관한 이해가 비즈니스용 페이팔
웹 사이트 설계에 어떤 영향을 미
쳤는가?

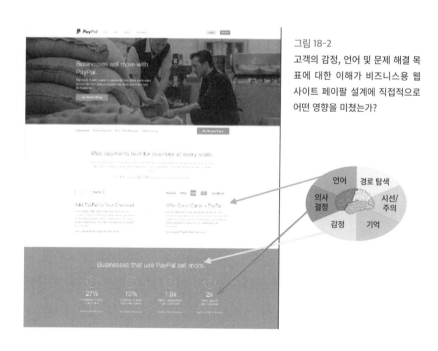

그림 18-2
고객의 감정, 언어 및 문제 해결 목
표에 대한 이해가 비즈니스용 웹
사이트 페이팔 설계에 직접적으로
어떤 영향을 미쳤는가?

우리는 중소기업을 위한 페이팔 페이지 디자인을 맡았었다. 이 페이지의 최종 사용자는 중소기업 사업의 페이팔 사용을 고려하는 사람들이었다. 기업은 이들을 위해 웹 사이트에서 현금 대신 신용카드로 결제를 받거나 신용카드 방문 거래를 허용하고자 하고 있었다. 우리는 사용자들이 일하는 모습을 관찰하고 그들을 인터뷰한 내용을 기반으로 우리의 디자인을 여섯 가지 마인드에 적용하였다.

시선/주의

우리는 페이지 상단에 하나의 이미지만 실을 수 있도록 하고, 이미지 부분을 나머지 페이지보다 어둡고 시각적으로 훨씬 복잡하게 만들었다. 사람들의 관심이 상단에 실린 사진에 쏠리게 될 게 분명했다. 중간 부분에는 나머지보다 더 많은 넓이를 차지하는 흰 공간을 두어서 어두운 사진과 대비되도록 했다. 사람들의 시선을 상자 안 텍스트에 쏠리게 하기 위함이었다. 우리가 분명히 하고 싶었던 또 다른 시각적인 부분은 기업의 오너들이 페이팔에 가입하는 방법이었다. 가입 버튼을 바탕색과 같은 파란색으로 하고 '시각적 돌출'을 이루도록 한 이유이다.

언어

페이지 상단에는 "기업 거래는 페이팔로 더 많이 이루어집니다Businesses sell more with PayPal."라는 단순한 텍스트가 쓰여 있다. 이는 매우 직설적인 표현이다. 우리는 현란한 마케팅 용어를 사용하지 않았다. 우리가 들은 기업의 오너가 성취하고자 하는 목표 내용을 문자 그대로 일치시킨 것이다. 고객의 언어를 일부러 문자 그대로 사용했다. 우리와 맥락적 인터뷰를 진행했던 사업 운영자의 대다수는 전자 상거래나 신용카드 거래 절차를 낯설어했다. 이들은 웹 사이트를 통한 거래가 지연되지 않기를 원해서 페이팔을 추가하고 싶어 했다. 우리가 '계산에 페이팔 추가Add PayPal to Your Checkout' '신용카드 + 페이팔 제공Offer Credit Cards + PayPal'이라고 적힌 버튼을 추가한 것은 이 때문이었다. 우리가 인터뷰한 사람들은 직설적인 표현을 원했기 때문에 복잡하게 마케팅 전문용어를 사용할 이유가 없었다.

기억

우리는 이 페이지에서 말하고자 하는 내용의 어조를 설정하는 페이지 상단 이미지에 관한 사람들의 기억과 해석에 어필하고 싶었다. 이미지 속의 사람들은 커피숍 뒤편에 있는 듯하다. 원두 자루가 쌓여 있는 것이 보이고, 평상복 차림의 남성 2명이 원두를 보고 있다. 사업장이 크다는 느낌이나 상업적인 느낌을 주지는 않는다. 가족이 운영하는 소규모 기업처럼 보이는 고급스럽고, 많은 단골을 보유한 커피숍에서 두 명의 장인이 커피를 제대로 이해하면서 일하는 느낌을 자아내고자 했다.

경로 탐색

옅은 회색 바탕의 바에는 '우리에 관해 알아봅시다Learn about us'라는 안내 문구를 사용한 탐색 공간으로 웹 사이트 결제Website Payments, 매장 결제Point-of-Sale Payments, 온라인 청구Online Invoicing라는 세부 항목을 두었다. 이 탐색 바는 사용자의 현재 위치와 다음으로 이동할 수 있는 위치 모두를 보여준다. 이곳이 무엇에 관한 페이지인지, 어떻게 상호작용을 할 수 있는지 알려 주는 공간이기도 하다. 이와 더불어 우리는 모바일 환경에서도 똑같이 탐색이 가능한 시스템을 도입했다.

의사 결정

결론적으로 우리는 고객의 열정을 일깨우는 동시에 그들의 행동에 대한 합리적인 이유를 제시하고자 했다. 우리는 이미 기업의 오너가 해결하고자 하는 문제가 무엇인지 잘 알고 있었다. 그것은 '어떻게 더 많이 팔 것인가' 하는 문제였다. 우리는 홈페이지 하단에 사업을 위해 페이팔을 사용하는 회사들과 더 많이 파는 회사들에 대한 4개의 통계를 추가하였다. 이러한 통계를 제공한 이유는 사업 오너 및 파트너들은 스스로 의사 결정을 내리기 전에 냉정하고 합리적인 논리가 필요하기 때문이다.

감정

우리는 이 페이지를 사용하는 기업이 더 많이 판매할 가능성을 기대하기를 원했다. 그래서 우리는 더 많이 팔고자 하는 그들의 즉각적인 목표를 건드렸고, 페이팔 거래를 통해 기업의 판매가 늘어난다는 내용을 두 번 언급했다. 이러한 언급은 고객이 더 많은 판매를 할 수 있다는 것을 강화시킴으로써, 그들에게 성공에 대한 무한한 가능성을 열어준다. 우리는 그들의 사업주로서 성공에 대한 갈망을 일깨우고자 했다.

증거 중심의 의사 결정

방금 살펴본 예시에서 우리는 여섯 가지 마인드를 정확하게 모두 언급했고 상품을 디자인하거나, 앞으로 어떤 방향으로 나아갈지를 결정할 때 근거를 중심으로 결정하는 방법을 다루었다.

물론 나는 이러한 프로세스가 전통적인 유형의 프로토타입 출시와 사용자 테스트보다 훨씬 더 명확한 피드백을 준다고 생각한다. 하지만 하루아침에 이러한 프로세스에 도달할 수 있는 것이 아니다. 맥락적 인터뷰를 거치더라도 충분하지 않다. 여섯 가지 마인드 분석을 활용하면 일정한 패턴과 경향을 물론 파악할 수 있지만, 이를 실제로 적용하려면 시간이 걸리고,

단계적인 과정 또한 필요하다. 우리는 사용자 피드백을 바탕으로 많은 시도 끝에 섬세한 결정들을 내릴 수 있었다. 또한 비교 가능한 다른 사이트의 취약점을 고려해 우리가 디자인한 웹 페이지가 그들보다 더 나은 결과를 가져오도록 보완하였다.

나는 이러한 디자인 씽킹을 통해 배울 수 있는 점이 정말 많다고 생각한다.

그림 18-3은 처음에 스케치 단계에서 그 페이지가 어떨 것이라고 우리가 얼마나 다양한 생각을 했는지 보여준다. 여기에는 흐름, 기능성, 시각적인 요소를 포함하고 있다. 우리는 많은 밑그림과 가능성으로 시작해서 여러 가지 생각을 모으고 빠르게 프로토타입을 만들며 대안을 고려했다. 사용자 테스트와 자체 관찰을 통해 가능성을 좁히면서, 우리는 정말 단순한 스케치부터 흑백 모형, 클릭 가능한 프로토타입, 그리고 당신이 챕터 앞부분에서 보았던 매우 완성도가 높은 프로토타입까지 살펴볼 수 있었다.

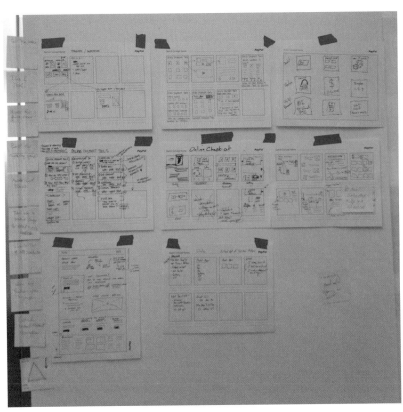

그림 18-3 디자인 브레인스토밍: 고객의 요구와 일치하는 강력한 콘셉트를 식별하고 반복하기

시간이 지남에 따라 할 수 있는 경험

우리가 막 살펴본 예시는 특정 시점에서 기업을 위한 페이팔에 가입하려고 하는 사람의 의사 결정 순간이었다. 나는 여기에서 한 단계 더 나아가 삶의 의사 결정 주기에서 경험에 따른 여섯 가지 마인드가 어떻게 적용되며, 실제로 시간이 흐르면서 정적인 경험보다는 유동적인 경험을 할 수 있음을 보여 주고자 한다.

그림 18-4 고객이 구매하기 전에 가지는 모든 질문에 대한 여정 지도 작성하기

서비스 디자인은 의사 결정의 삶의 주기를 잘 보여 주는 예시이다. 이 경우 그림 18-4는 기업 소유자가 전자 상거래를 시작하려고 페이팔을 고려하는 이유와 고려하지 않는 이유에 관해 우리가 들었던 모든 질문을 포스트잇 메모로 보여주고 있다.

이런 모든 질문을 함께 살펴보면서 우리는 상당히 기초적인 수준(예: 이게 나한테 왜 필요하지?)에서 후속 질문(예: 가격이 적당한가?)으로, 실행 우려

(예: 내 웹 사이트 제공업체와 호환이 잘 될까?)와 걱정 같은 감정(예: 누가 이 시스템을 해킹하면 어떻게 하지?)에 이르기까지 모든 과정을 확장해서 보았다. 우리는 의사 결정 과정에서 몇 가지 중요한 단계로 이런 질문을 정리해 보았다.

사람들의 질문, 걱정, 반대는 시간이 갈수록 더욱 구체적으로 되는 경향이 있다. 자신이 가진 시스템을 점검하면서 이 과정에서 떠오르는 구체적인 질문들을 기록하도록 한다. 그러고 나면 합리적인 시간에 정보를 제공하고 질문에 답하는 시스템을 고안할 수 있다. 우리가 고객에게 좀 더 정교한 방식으로 정보를 제공하면 고객은 어느새 구매 버튼을 누르기 바로 전 단계에 있게 될 것이다. 고객이 현재 사용하고 있는 것과 관련되어 우리가 제공하는 것이 무엇인지 기본 정보를 이미 알고 있게 되기 때문이다. 그렇다면 이제 고객의 행동을 주저하는 두려움과 관련된 마지막 질문에 답할 차례이다.

다양한 이점

우선 나는 당신이 사용자 경험을 다양한 차원에서 여러 감각을 고려해 이해할 것을 권하고 싶다. 우리는 공감 연구와 디자인을 할 때, 이러한 여러 차원의 수준을 활용할 수 있어야 한다.

그 다음에 제품과 서비스 내에서 구체적인 결정을 해야 할 때 맥락적 인터뷰를 통해 논리적인 근거를 가질 수 있음을 기억하기 바란다. 가장 월급을 많이 받는 사람의 반대 의견에 부딪히게 될 때 이 논리로 당신의 창의성을 발휘하기를 바란다. 내가 제시하는 증거 기반의 디자인 방법론은 승리할 확률이 높은 범위 내에서 상당한 창의력을 발휘할 수 있게 만든다.

마지막으로 당신의 제품과 서비스를 단순한 거래 그 이상으로 생각하기를 바란다. 다양한 순간에 많은 사람에게 닿을 수 있는 과정이라고 생각하자. 당신의 제품을 경험의 여섯 가지 마인드 관점으로 바라보며 사람들의 관심은 어디에 있는지, 그들은 제품이나 서비스를 어떻게 이용하며 무엇을 기대하고 있는지, 그들이 제품을 설명할 때 사용하는 언어는 무엇이며 그들이 해결하고자 하는 문제는 무엇인지, 그리고 그들의 생각이 바뀌는 동기가 무엇인지 등을 생각해 보자. 그들이 당신의 제품이나 서비스를 통해 해당 주제에 대해 더 많이 배울수록, 그들의 전문성은 더욱 높아진다. 그렇게 될 때 당신이 그들에게 관여하는 방식, 당신이 사용해야 하는 언어 등의 다양한 고려 사항도 변하게 된다.

적용해 보기

- 시간이 지나서도 고객 경험을 고려하자.
  - 특정 제품과 분야에 전문성이 생겨감에 따라 고객의 행동은 어떻게 바뀌는가?
  - 고객의 문제 공간은 시간이 흐르면서 어떻게 바뀌는가?
  - 고객의 언어와 단어의 의미론적 표현은 어떻게 변하는가?

Chapter 19

기술과 사람 연결하기

1970년대 텔레비전 프로그램 재방송을 보았던 기억이 있다. 미국 항공 우주국NASA의 비행 조종사가 심각한 비행 사고를 당했는데 과학자들이 기술을 사용해 비행 조종사를 "600만 달러의 사나이"로 만든 이야기다. 그의 한쪽 눈은 확대해서 볼 수 있는 뛰어난 능력이 있고 한쪽 팔과 두 다리는 기계로 장착해서 한 시간에 10km를 달릴 수도 있어 큰 업적을 수행할 수 있다. 그는 대의를 위해 간첩으로서 그가 가진 초능력을 사용한다. 이 드라마는 인간이 완벽한 기술을 장착할 가능성을 보여준다. 드라마의 제목이었던 '600만 달러의 사나이'는 말 그대로 인간과 기계의 결합이었다.

오늘날 우리는 인공지능AI과 머신러닝ML의 열풍으로 전혀 새로운 가능성이 열리고 있다. 제품 관리, 제품 디자인 또는 혁신 분야에 종사하는 사람이라면 가능성에 대한 모든 종류의 예측을 들어 보았으리라 생각된다. 이쯤에서 나는 가장 강력한 조합에 관한 의견을 제시하려고 한다. 인간의 컴퓨터 활용 스타일과 머신러닝 경험을 함께 장착한다면, 600만 달러의 사나이가 가진 물리적인 업적은 성취하지 못하더라도, 이제껏 다룬 적 없는 정신적인 능력을 얻을 수 있을 것이다.

상징적인 인공지능과 인공지능의 겨울

내가 이 글을 쓰고 있는 지금, 우리는 적어도 인공지능의 두 번째 붐 순환주기에 있으며, AI에 대한 전망이 굉장히 밝은 상황이다. 1950년대와 1960년대에 앨런 튜링Alan Turing은 수학적으로 0과 1이 어떤 유형의 수학적 추론도 나타낼 수 있다고 가정했고, 컴퓨터가 이에 대한 형식적인 추론을 수행할 수 있다고 제안했다. 이에 대해 신경생물학과 정보처리 분야의 과학자들은 뇌 뉴런이 활동전위를 발사할 수 있는지 없는지의 유사성을 고려할 때, 인공 뇌를 만들 수 있는 가능성을 추론할 수 있음에 놀라워 했다. 이때 튜링은 '튜링 테스트'를 제안했다. 이 테스트의 핵심은 개체의 일부를 통해 질문을 넘기면 그 개체는 답변을 되돌려 주게 된다는 점이다. 인간은 인공지능의 반응과 실제 인간의 반응을 구별할 수 없었고, 그 시스템은 문제를 통과시킴으로써, AI로 간주될 수 있었다.

여기에서 허버트 사이먼, 앨런 뉴웰Allen Newell, 마빈 민스키Marvin Minsky 같은 다른 사람들은 지적인 활동이 공식적으로 구현되었고 전문가 체계가 어떻게 형성되어 세상을 이해할 수 있는지에 관한 작업으로 바라보기 시작했다. 이들의 인공지능 기계는 기본적인 언어 작업, 검색 프로그램 같은 게임, 분석적인 논리를 다루었다. 이번 세대에 인공지능의 문제가 대체로 해결될 거라는 담대한 예언도 있었다.

불행하게도 이러한 접근 방법은 일부 분야의 전망을 보여 주었지만, 동시에 다른 분야의 한계도 드러냈다. 상징적인 처리, 매우 고차원적인 추론 논리, 문제 해결에만 집중한 이유도 있었다. 이런 상징적 사고 접근 방법은 의미학, 언어, 인지과학 같은 분야에서는 성공을 거두었지만 초점은 일반화된 인공지능을 구축하는 게 아니라 인간의 지능을 이해하는 데 훨씬 더 치우쳐 있었다.

1970년대에 들어와서 학계에서 인공지능에 쓸 재원이 바닥나자 1950년대의 놀라운 전망에서 1970년의 실제적인 한계에 이르기까지 인공지능의 겨울이라는 시기가 찾아왔다.

인공지능 신경망과 통계 기반 학습

인공지능과 인공지능을 활용한 두뇌 창조에 관한 개념에 매우 다른 접근 방식이 1970년대와 1980년대에 고려되기 시작했다. 심리학, 언어학, 컴퓨터 과학을 통합한 인지과학의 분산적인 분야의 과학자들 중 특별히 데이비드 레멜하트David Rumelhart와 제임스 맥클레랜드James McClelland는 매우 다른 관점인 하부 상징적 관점에서 이를 바라보았다. 그들은 인간이 사용한 표현을 구축하려고 하기보다는 뇌와 같은 시스템, 즉 억제나 흥분으로 서로에게 영향을 줄 수 있는 많은 개별 과정을 만들 수 있다고 가정했다. 이를 가지고 시스템의 출력이 올바른지 여부에 따라 인공 뉴런 사이의 연결을 바꾸는 '역전파back-propagation'를 가질 수 있다는 것이다.

이러한 접근 방식은 굉장히 급진적이었다. 첫째로 이는 일련의 컴퓨터 명령과 비교했을 때 인간의 뇌와 가까운 병렬 분산 처리PDP에 훨씬 가까웠고, 둘째로 이는 통계학을 기반으로 하는 학습에 훨씬 많은 중점을 두었으며, 마지막으로 프로그래머는 정보의 구조를 분명하게 제시하지 않고 오히려 PDP가 시행착오를 통해 학습하여 인공 뉴런 사이의 가중치를 조정하도록 하려고 노력했기 때문이다.

이러한 PDP 모델은 자연 언어 처리와 인지에서 흥미로운 성공을 거두었다. 1세대의 상징적인 노력과 다르게 이 집단은 기계 학습 시스템이 정보를 어떻게 제시하는지에 관한 가정을 세우지 않았다. 이 시스템은 구글의 텐서플로우Tensorflow(머신 러닝을 위한 오픈소스 소프트웨어)와 페이스북의 토치Torch(파이토치의 초기 버전으로 딥러닝 연구 플랫폼)의 기반이기도 하다. 오늘날의 자율주행 자동차와 음성 인터페이스를 책임지는 것은 이러한 유형의 병렬 프로세스이다.

현재의 시스템들은 스마트폰, 클라우드 등에서 이용 가능한 놀라운 양의 리소스와 더불어 뉴웰과 사이먼이 꿈도 꾸지 못했던 컴퓨팅 능력을 갖추게 되었다. 그러나 자연어 처리(컴퓨터를 이용해 사람의 자연어를 분석하고 처리하는 기술) 및 영상 처리 분야에서 엄청난 진보를 이루었음에도, 이러한 시스템은 그림 19-1에서 볼 수 있듯이 아직 완벽하지 못하다.

AI가 가진 힘과 빠르게 진보하는 지성에 관한 부정적인 예측도 많이 있었던 것이 사실이다. 시스템은 점점 개선되고 있지만, 시스템을 교육하는 데 사용할 수 있는 데이터를 보유하는 것에 크게 의존하고 있으며 여전히 한계가 있다.

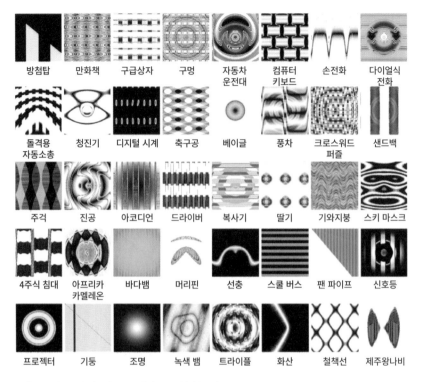

방첩탑	만화책	구급상자	구멍	자동차 운전대	컴퓨터 키보드	손전화	다이얼식 전화
돌격용 자동소총	청진기	디지털 시계	축구공	베이글	풍차	크로스워드 퍼즐	샌드백
주걱	진공	아코디언	드라이버	복사기	딸기	기와지붕	스키 마스크
4주식 침대	아프리카 카멜레온	바다뱀	머리핀	선충	스쿨 버스	팬 파이프	신호등
프로젝터	기둥	조명	녹색 뱀	트라이플	화산	철책선	제주왕나비

그림 19-1 머신러닝 알고리즘으로 할당된 부정확한 캡션

시리야, 나는 그렇게 말하지 않았어!

음성 명령 기능이 잘 작동했던 경험이 있을 수도 있겠지만, 이 기능 역시 여전히 제한점이 많다. 음성 명령 시스템 점검을 위해 애플의 시리, 구글의 어시스턴트, 아마존의 알렉사, 마이크로소프트의 코타나와 하운드를 조사한 적이 있다. 우리는 조사 참여자들에게 주어진 용어를 사용해 명령이나 질문을 만들도록 요청했다. 예를들어 '신시내티, 날씨, 내일'이라는 용어를 활용해 "시리야, 신시내티의 내일 날씨는 어때?"라고 질문하고 그에 대한 답을 얻는 것이다.

우리는 음성 명령 시스템이 날씨나 나라의 수도를 묻는 것과 같은 기본적인 질문에는 답변을 굉장히 잘한다는 점을 발견할 수 있었다. 하지만 인간의 타고난 능력 두 가지에 관해서는 언제나 문제가 생겼다. 우선 인간은 통합적인 생각을 쉽게 할 수 있다. 예를 들어 "에펠탑이 있는 나라의 인구는 몇 명이야?"라고 묻는다면 우리는 에펠탑이 있는 나라가 프랑스임을 쉽게 눈치챌 수 있다. 그러나 음성 명령 시스템들은 파리의 인구를 생성해 내거나 음성 인식 오류를 냈다. 두 번째로 우리 인간은 문맥을 파악할 수 있다. "신시네티의 날씨가 어때?"라고 물은 후 "그다음 날 날씨는?"하고 물으면 시스템은 대화의 흐름을 따라가지 못했다.

또한 우리는 사람들이 인공지능의 인간적인 반응을 좋아한다는 사실도 발견했다. 예를 들어 "아직 뭐라고 답을 해야 할지 모르겠네요."와 같이 어리버리한 대답 방식 말이다. 질문을 이해하지 못해 제대로 대답하지 못하더라도 사람들은 그 답변을 선호하는 경향을 보였다.

시리가 정말 지능적일까? 시리가 리마인더를 추가해 주고 음악을 틀어줄 수는 있어도, 특정 자동차를 구매하는 것이 합리적인 소비인지에 대한 답을 줄 수는 없다. 방탈출 게임을 이기는 방법에 대해서도 물을 수 없다. 머신러닝을 기반으로 한 답변이기에 한계가 있는 것이다. 튜링 테스트를 통과할 수 있는가의 방식으로 볼 때 시리는 결코 똑똑하다고 할 수 없다.

여섯 가지 마인드와 인공지능

흥미로운 것은 인공지능 1세대는 비유와 추론을 수행하는 능력(기억, 의사결정)이 강점으로 있는데, 더 최근의 접근 방식으로는 음성과 이미지 인식(시선/주의, 언어)에 성과가 있었다는 점이다. 그리고 사람들은 보다 인간적인 답변을 제시하는 인공지능 시스템을 선호했다(감정).

시대적인 흐름을 이해하고 방향을 잘 잡을 수 있기 바란다. 현재의 시스템들은 순수하게 통계적인 하위 상징적 표현의 한계를 보여 주기 시작했다. 이러한 시스템은 의심할 여지 없이 특정 문제를 해결하는 데 놀라울 정도로 강력하지만, 그 어떠한 빠른 칩과 새로운 훈련 기법이라도 1950년대에 추구했던 인공지능의 목표를 달성할 수 없을 것이다.

빠른 속도가 정답이 아니라면 도대체 무엇이 정답일까? 이때 저명한 머신러닝·인공지능 분야 전문가들은 '사람의 마음을 들여다 보기'를 제안한다. 개인을 연구하면 집단 뉴런 차원에서 인지 분야의 성취를 어느 정도 이룰 수 있지만, 다른 차원의 표현을 고려하면 시선/주의, 경로 탐색 및 공간 표현, 언어와 의미론, 기억과 의사 결정 영역에서 더 큰 성과를 이루게 된다.

전통적인 제품·서비스 디자인과 마찬가지로, AI 시스템을 구축할 때는 입출력을 위해 사용하는 표현을 고려하는 것이 좋다. 쉽게 인식되는 차원보다는 상직적인 수준의 표현을 테스트해 보는 것이다.

난 인공지능 친구의 작은 도움으로 그럭저럭 지낸다

인공지능과 머신러닝 연구자는 독립적인 지식 시스템을 구축하고자 하지만 인공지능과 머신러닝 도구를 인지심리적인 부분을 돕는 도구로 사용하면 단기적으로 더 많은 성공을 거둘 가능성이 매우 높다. 우리는 이미 모바일 기기로 이런저런 많은 성공을 거두었다. 리마인더 기능을 활용해 스케줄 관리를 할 수 있고, 스마트폰으로 거리의 간판을 번역하거나 지도앱으로 길을 더욱 쉽게 찾을 수도 있게 되었다. 이 밖에도 우리는 많은 부분에서 편의를 얻고 있다.

그러나 요즘의 음성 활성화 시스템 연구에서 마주한 가장 큰 문제는 고객이 사용하는 언어와 시스템에서 사용하는 언어가 다르고, 언제 도움을 제공해야 하는지 그 시기를 결정하기 어렵다는 점이다. 고객의 인지 능력을 강화함으로써 일을 더 빠르고 쉽게 처리하도록 하는 프로그램을 구축할 때, 여섯 가지 마인드는 머신러닝과 인공지능이 도움을 줄 수 있는 훌륭한 프레임을 제공한다.

시선/주의

카메라와 같은 인공지능 도구는 어떠한 장면에서 쉽게 중요한 부분을 파악하여 주의를 집중할 수 있도록 돕는다. 또한 인공지능 도구는 관련한 정보에 집중하거나, 무언가 찾고 있을 때 장면의 한 부분과 관련 단어를 강조할 수도 있다. 생각나는 가능성은 여러 가지이다. 호텔 객실에 처음 들어가면 사람들은 전등 스위치가 어디에 있고 온도 조절은 어떻게 하며 콘센트는 어디에 있는지 알고 싶어 한다. 사물을 볼 때 시야에서 무엇이 강조되는지를 항상 생각하자.

경로 탐색

라이다lidar(레이저 펄스를 발사하여 물체 거리 등을 측정하는 기술)와 자율 주행 자동차의 성공을 고려할 때, 내가 언급했던 유형의 경고 디스플레이는 선택해야 하는 출구에 집중할 수 있게 하고, 눈에 띄지 않는 지하철 입구 혹은 가게를 찾는 데 집중할 수 있게 할 것이다. 게임할 때와 비슷하게 당신 앞의 즉각적인 장면 혹은 위치에 대한 조감도, 이렇게 두 가지 관점을 보여 준다.

기억/언어

우리는 디지털 제품에서의 개인화를 제공하고자 하는 다수의 주요한 소매업체 및 금융 기관과 함께 일한다. 검색 용어, 클릭스트림(인터넷 사용자가 어디에 있었는지를 보여 주는 디지털 경로), 의사소통, 설문 조사를 통해 자료를 수집한 데이터를 활용하면 개인화된 정보와 시스템 용어를 쉽게 파악할 수 있다. 비디오가 좋은 예인데, 어떤 고객은 이제 막 시작한 유튜브 영상 촬영을 위한 좋은 카메라를 필요로 할 수도 있고, 또다른 고객은 4:2:2 컬러의 특정 유형 ENG 카메라를 찾고 있을 수도 있다. 두 개의 그룹 모두 검색에서 다른 그룹의 제품을 보고 싶어하지 않으며, 각 그룹이 필요로 하는 언어와 세부 사항 역시 매우 다르다.

의사 결정

문제 해결이 실제로 큰 정보를 작은 부분으로 분석해서 분류된 하위 문제를 해결하는 과정이라는 점을 앞서 논의한 바 있다. 각각의 단계에서 다음으로 넘어갈 때 적절한 의사 결정을 해야 한다. 프린터를 구매한다는 상황을 예를 들어보면, 디자인 스튜디오는 컬러가 매우 정교하게 표현되는 용량이 큰 포맷의 프린터를 원할 것이다. 로펌 회사는 법적 문서를 다루기 때문에 의뢰인에게 계산서를 자동으로 발행해 주는 등의 다용도 기능을 갖춘 프린터를 원할 것이다. 학령기 자녀를 둔 학부모는 온 가족이 사용할 수 있도록 빠르게 출력되고 내구성이 좋은 컬러 프린터를 원할 수 있다. 개인의 필요를 적절히 물어보고 그 과정 안에서 내려야 할 각각의 미시적인 결정들을 지원하는 것이다. 인공지능과 머신러닝은 개인이 가질 수 있는 목표의 유형을 직관적으로 파악하도록 한다. 문제 공간에서의 사용자의 위치는 사용자가 이 시간에 무엇을 제시해야 하고, 무엇을 제시해서는 안 되는지 정확하게 알려준다.

감정

아마도 가장 흥미로운 가능성 중 하나는 얼굴 표정, 움직임 및 언어 패턴을 감지하기 위한 점점 더 정확한 시스템이 고객의 감정 상태를 확인할 수 있다는 것이다. 이러한 정보는 화면에 적절하게 제시되는데 사용된 단어를 확인한다. 아마 고객이 방대한 양에 압도되어 대답으로 가는 더 간단한 경로를 원할 수 있다.

가능성은 무한하다. 그러나 이는 모두 개인이 성취하고자 하는 것과 어떻게 그것을 달성하고자 하는지, 지금 당장 찾고 있는 것과 기대하는 언어, 시스템과 어떻게 상호작용하고자 하는지, 어디를 보고 있는지 등을 중심으로 돌아간다. 여섯 가지 마인드 접근 방법에 관한 문제 인식으로 고객의 놀라운 경험을 만족하려고 노력했던 이전의 시도보다 훨씬 좋은 성과가 있기를 바란다. 실제로 600만 달러 사나이의 신체적 가능성을 증강한 가상의 과학자처럼 여러분의 고객 인지 과정이 향상되기를 희망한다.

적용해 보기

- 의미론에 대한 인공지능 시스템을 생략하기 보다는 이를 훈련할 수 있는 또 다른 방법을 생각해 보자.
- 수집한 데이터 결과에 흔하지 않은 구체적인 유형의 문장 형식으로 인공지능 시스템을 훈련할 것을 고려하자.
- 증강 인식을 내가 어떻게 원하고 있는지 생각해 보자. 집중할 부분을 지시하거나 특정한 상호작용을 권장하고, 정보를 설득력 있게 제시하는 것이다.

감사의 말

브릴리언트 익스피리언스Brilliant Experience의 동료들, 특히 내가 이 원고를 쓰기까지 영감을 준 많은 사람에게 감사드린다. UX 전문가 협회(UXPA, UX Professional Association)의 동료들은 미국 각지에서 워싱턴 D.C에 있는 나에게 매일 깊은 감명을 주고 있다. 부디 이 책이 여러분들에게 도움이 되었으면 좋겠다. 나의 부족함에도 인내심을 가지고 기다려 주신 오라일리 O'REILLY 출판 편집팀에게도 감사의 마음을 전한다. 우리 가족들은 내가 사무실이나 커피숍에서 뭘 하면서 오랜 시간 타이핑을 했는지 궁금했을 것이다. 나 돌아왔어!

추천하는 읽을거리

Part 1 경험의 구성 요소

Ariely, D. (2008). *Predictably Irrational: The Hidden Forces that Shape Our Decisions*. New York: HarperCollins.

Brafman, O., & Brafman, R. (2008). *Sway: The Irresistible Pull of Irrational Behavior*. New York: Crown Business.

Cialdini, R. B. (2006). *Influence: The Psychology of Persuasion, Revised Edition*. New York: Harper Business.

Evans, J. S. B. T. (2008). "Dual-Processing Accounts of Reasoning, Judgment, and Social Cognition." *Annual Review of Psychology* 59: 255–278.

Evans, J. S. B. T., & Stanovich, K. E. (2013). "Dual-Process Theories of Higher Cognition: Advancing the Debate." *Perspectives on Psychological Science* 8(3): 223–241.

Gallistel, C. R. (1990). *The Organization of Learning*. Cambridge, MA: MIT Press.

Gladwell, M. (2014). *Blink: The Power of Thinking Without Thinking*. New York: Back Bay Books.

Intraub, H., & Richardson, M. (1989). "Wide-Angle Memories of Close-Up Scenes." *Journal of Experimental Psychology: Learning, Memory, and Cognition*. https://doi.org/10.1037/0278-7393.15.2.179

Kahneman, D. (2011). *Thinking Fast and Slow*. New York: Macmillan.

LeDoux, J.E. (1996). *The Emotional Brain: The Mysterious Underpinnings of Emotional Life*. New York: Simon & Schuster.

Müller, M., & Wehner, R. (1988). "Path Integration in Desert Ants, Cataglyphis Fortis." *Proceedings of the National Academy of Sciences 85*(14): 5287–5290.

Pink, D. H. (2009). *Drive The Surprising Truth About What Motivates Us.* New York: Riverhead Books.

Power, M., & Dalgleish, T. (1997). *Cognition and Emotion: From Order to Disorder.* Hove, Englad: Psychology Press.

Simon, H. A. (1956). "Rational Choice and the Structure of the Environment." *Psychological Review* 63(2): 129–138.

Thaler, R., & Sunstein, C. (2008). *Nudge: Improving Decisions About Health, Wealth and Happiness.* New York: Penguin Books.

Tversky, A., & Kahneman, D. (1981). "The Framing of Decisions and the Psychology of Choice." *Science* 211(4481): 453–458.

Tversky, A., & Kahneman, D. (1974). "Judgment Under Uncertainty: Heuristics and Biases." *Science* 185(4157): 1124–1131.

Wong, K., Wadee, F., Ellenblum, G., & McCloskey, M. (2018). "The Devil's in the g-Tails: Deficient Letter-Shape Knowledge and Awareness Despite Massive VisualExperience." *Journal of Experimental Psychology: Human Perception and Performance.* 44(9): 1324–1335. https://doi. org/10.1037/xhp0000532

Part 2 맥락적 인터뷰로 고객 마음 읽기

Chipchase, J. (2007). "The Anthropology of Mobile Phones" TED Talk. Retrieved January 15, 2019, from http://bit.ly/2Uy9J1A.

Chipchase, J., Lee, P., & Maurer, B. (2011). Mobile Money: Afghanistan. *Innovations: Technology, Governance, Globalization.* 6(2): 13–33.

IDEO.org. (2015). "The Field Guide to Human-Centered Design." Retrieved January 15, 2019, from http://www.designkit.org//resources/1.

Part 3 여섯 가지 마인드를 디자인에 적용하기

Buxton, B. (2007). *Sketching User Experiences: Getting the Design Right and the Right Design.* San Fransisco: Morgan Kaufmann.

뇌과학으로 고객 경험을 디자인하라

CX의 6가지 마인드

초판 발행 2023년 1월 23일

발행인 현호영

지은이 존 웰런

옮긴이 안지희

편　집 안성은

디자인 임림

주　소 서울특별시 마포구 백범로 35 서강대학교 곤자가홀 1층

팩　스 070.8224.4322

이메일 uxreviewkorea@gmail.com

ISBN 979-11-92143-73-6

Design for How People Think by John Whalen

Authorized Korean translation of English edition of
Design for How People Think, ISBN 9781491985458 © 2019 John Whalen
All rights reserved.